Cómo entender
a su hijo

Cómo entender
a su hijo

Aprenda a interpretar y manejar las reacciones y problemas comunes de la infancia

T. Berry Brazelton, M.D.

Traducción
Gisela Wulfers de Rosas

G R U P O
EDITORIAL
norma
http://www.norma.com
Barcelona, Bogotá, Buenos Aires, Caracas, Guatemala,
Lima, México, Miami, Panamá, Quito, San José,
San Juan, Santiago de Chile, Santo Domingo.

Edición original en inglés:
TO LISTEN TO A CHILD
de T. Berry Brazelton, M.D.
Una publicación de Addison-Wesley Publishing Company
Reading, MA 01867, U.S.A.
Copyright © 1984 por T. Berry Brazelton, M.D.

Partes del capítulo 1 se extractan del libro
Child Health Encyclopedia: The Complete Guide for Parents,
de The Children's Hospital Medical Center y
Richard I. Feinbloom, M. D.
© 1975 por The Children's Hospital Medical Center y
Richard I. Feinbloom, M. D.

Este libro se publicó originalmente en español
con el título *El arte de escuchar al niño.*
Cómo entender los problemas normales de la infancia.

Copyright © 1989, 1997 para Latinoamérica
por Editorial Norma S. A.
Apartado Aéreo 53550, Bogotá, Colombia
Reservados todos los derechos.
Impreso Cargraphics S.A. — Impresión Digital
Impreso en Colombia — Printed in Colombia

Directora editorial, María del Mar Ravassa G.
Editor, Armando Bernal M.
Diseño de cubierta, María Clara Salazar.

ISBN 958-04-4187-1

CONTENIDO

SEGUNDA PARTE: PROBLEMAS COMUNES

CONTENIDO

1

INTRODUCCIÓN

Los períodos transitorios de comportamiento "problema" son una parte inevitable del desarrollo normal de todo niño. Por ejemplo, casi todos los niños pasan por un período de tartamudeo cuando están aprendiendo a hablar. Cuando están tratando de identificarse con sus padres, el esfuerzo produce otros problemas predecibles. A los cuatro y a los cinco años de edad, los niños con frecuencia les quitan cosas a sus padres con el propósito de tratar de captar una parte de ellos. Les mienten para ponerlos a prueba. Aunque son síntomas pasajeros, no dejan de ser atemorizantes. Los dolores de estómago que sufren las niñas pequeñas y la enuresis* de los niños pequeños son más comunes que inusuales (véanse los capítulos 10 y 13). Estas desviaciones del curso normal que se sigue para

---

* Emisión involuntaria de orina, especialmente durante el sueño (*N. del Ed.*)

convertirse en un adulto saludable y razonablemente libre de problemas, cumplen un propósito. Parece que la mayoría de los niños tiene que explorarlas o experimentarlas mientras aprenden los límites de un comportamiento aceptable.

La mayor parte de estos "problemas normales" resultan ser de tiempo limitado y están asociados con determinadas etapas del desarrollo del niño. Durante este período, éste debe satisfacer las normas de un medio ambiente exigente. Nuestra vida familiar en el Occidente crea grandes expectativas; un niño emocionalmente saludable está ansioso de satisfacerlas. Como es natural, el niño necesitará un tiempo para retroceder, para examinar la situación, para recobrar las fuerzas. Un período temporal de desviación hacia un comportamiento rebelde e inaceptable fortalece los períodos de conformidad exitosa. Por ende, este comportamiento que se aparta de la norma y estos períodos de experimentación son necesarios e importantes para el niño.

Sin embargo, para los padres pueden ser muy estresantes. Pueden evocar asuntos de los mismos padres que no fueron resueltos en el pasado —el recuerdo de un hermano que sufría de enuresis hasta los doce años, o una hermana cuyo apéndice se reventó cuando nadie tomó en serio su dolor de estómago. Así mismo, un comportamiento "problema" bien puede ser considerado por los padres como señal de que ellos fracasaron. A menos que los padres puedan considerar estos síntomas como cosa pasajera, como algo que cumple un propósito saludable, lo más probable es que traten vigorosamente de erradicarlos. Los padres temen que pasarlos por alto sería una muestra de falta de interés o de que son padres perezosos, o que si esperan demasiado tiempo, el niño podría aferrarse a los "malos hábitos", bien sea para llamar la atención o para recurrir a ellos como apoyo. Por estas razones, los padres hacen todo cuanto esté a su alcance para que el niño deje de chuparse el dedo o de masturbarse, por ejemplo. Los padres también tienden a reforzar la ansiedad de un niño producida por un malestar como, por ejemplo, un dolor de estómago. Ahora sabemos que cualquiera de estas reacciones tiende a arraigar el patrón en vez de interrumpirlo. En cambio, el entendimiento del proceso y un enfoque objetivo y de apoyo es más probable que permita al niño desarrollar su propio patrón de progreso. Pero ¿cuántos padres llegarían fácilmente a darse cuenta de esta realidad?

Este libro es un intento de sacar a la luz algunos de estos problemas comunes. Quisiera exponer a los padres las razones evolutivas de los temores, de chuparse el dedo, de los problemas para comer y dormir y de los malestares psicosomáticos, y sugerirles formas de considerarlos y tratarlos. Espero poder ayuda a los padres a ver su papel en forma más objetiva, y a adoptar una línea de conducta tendiente a evitar que se produzca tensión o que se intensifiquen los sentimientos de culpa del niño por este comportamiento que "se aparta" de la norma cuando está creciendo. La tensión y los sentimientos de culpa tienden a agravar el problema, haciendo que se arraigue en patrones más permanentes. El hecho de entender las necesidades evolutivas del niño puede ayudar a los padres a tranquilizarse y permitir que el propio impulso del niño hacia la salud asuma el control.

Ante todo, es importante que los padres se den cuenta de que su habilidad para moldear el comportamiento de un niño está limitada por las diferencias individuales que se manifiestan al nacer. Cuando esto ocurre, hay bebés que reaccionan en forma exagerada a cualquier ruido o estímulo —se sobresaltan notoriamente, dan alaridos, cambian de color, regurgitan y evacúan el vientre— todo como parte de una reacción a un simple estímulo. Otros bebés suelen reaccionar al mismo estímulo permaneciendo tranquilos en su cuna, abriendo mucho los ojos, con expresión de estar alerta, poniéndose pálidos, reduciendo la actividad corporal al mínimo, con apariencia de estar conservando toda la energía para ponerle atención al estímulo. Ambos tipos de reacción son normales, a diferentes extremos de un espectro. Se aprecia claramente que interviene todo el cuerpo del pequeño; la atención y los mecanismos psicológicos están íntimamente ligados a las reacciones fisiológicas. A medida que los bebés crecen, sus reacciones fisiológicas pueden parecer menos relacionadas con su personalidad. Esta falta de relación es más aparente que real, puesto que hay diferencias psicofisiológicas (mente-cuerpo) de reacción bien definidas entre individuos de todas las edades. Un medio ambiente desafiante suele reforzar ciertos patrones fisiológicos cuando el pequeño trata de manejar el estrés. Los mecanismos que usa un niño suelen diferir marcadamente de los que podría usar otro. Por ejemplo, un niño puede recurrir a las lágrimas —llorando en forma insistente y durante largos períodos— como una manera de alejar la tensión de una madre que está extremadamente nerviosa. Otro puede empezar a buscar refugio en un sueño cada vez más prolongado. Ambas reacciones son formas de manejar el estrés que, de otra manera, podrían recargar el sistema del bebé, y convertirse en el patrón al cual recurre determinado niño cada vez que se encuentre estresado. Cuando los niños crecen, pueden superar el patrón o éste puede sobrevivir en el tipo de reacción corporal que cada cual despliega como respuesta a presiones externas —el primer tipo de persona reacciona con enojo, rubor u otros síntomas de reacción violenta que permanecen todos en la superficie, mientras que el segundo puede tornarse más callado, más ensimismado y pálido, sufriendo en su interior pero sin manifestarlo al mundo exterior. Aunque la segunda persona resulta más fácil a los demás para convivir, la primera puede sufrir menos a la larga.

Si bien los padres no pueden cambiar estas diferencias individuales, tienen algún control sobre sus propias reacciones frente al comportamiento de sus hijos. Con frecuencia, un padre o una madre en estado de ansiedad o angustia suele concentrar su atención o poner demasiado énfasis en un evento rutinario, tal como chuparse el dedo, que en sí mismo no tiene importancia alguna, y reforzarlo hasta que se convierta en un problema. Todos los bebés se chupan el dedo, y dejarán ese hábito con el tiempo a medida que su interés en otros placeres aumenta (véase el capítulo 5). Pero los padres que se preocupan porque su niño se chupa el dedo pueden tratar de ponerle término a este hábito, y en sus esfuerzos por eliminarlo, aumentar la frustración del bebé, porque producen tensión al pequeño, cuya única manera de aliviarla puede ser chuparse el dedo. De modo que los esfuerzos de los padres terminan por reforzar el síntoma que están tratando de suprimir, y el niño empieza a usar el acto físico para sacar a los padres una respuesta previsible, para expresar un sentimiento o para descargar tensión.

Otro ejemplo es regurgitar la leche después de alimentarse, cosa muy común en los niños pequeños. Como los padres lo consideran censurable, les cuesta trabajo percibirlo como algo que podría llegar a ser placentero para un bebé. Sin embargo, puede convertirse en una manera de manejar la tensión, la frustración, e inclusive parece producirles satisfacción a determinados niños cuyo medio ambiente no les está proporcionando experiencias más satisfactorias de otro tipo. Regurgitar la leche y mascarla se llama rumiar. Rumiar es un síntoma raro pero dramático que en determinados niños aparece en la segunda mitad del primer año. Cuando están acostados en la cama entre comidas, se esfuerzan por regurgitar la leche, la mastican como una vaca el cuajo, y luego se tragan los cuajos de leche una y otra vez. Este comportamiento ha sido asociado con la privación social en los niños y fue identificado por primera vez en bebés cuyo medio ambiente no les estaba brindando el suficiente estímulo.

Otro grupo de rumiantes son niños cuyo medio ambiente no los priva de estímulo, pero que sufren de un estímulo inapropiado. La clase de estímulo que reciben es inaceptable para ellos como individuos. Una niña pequeña en el Children's Hospital rumiaba cada vez que la sobre-estimulábamos —cuando había demasiado ruido o alboroto, o después de que una enfermera tensa y apresurada le había dado de comer. Cuando regurgitaba, las personas que la cuidaban corrían a distraerla, a mantenerla ocupada para que no perdiera su comida. Aunque estos esfuerzos detenían el síntoma por el momento, la niña esperaba hasta que estuviera sola, luego procedía a devolver toda la comida —como si hubiera esperado para descargar todo el exceso del estrés causado por la excesiva atención.

Cuando reconstruimos la evolución de este síntoma con su madre, descubrimos que había empezado a regurgitar recién nacida, tal como muchos bebés lo hacen, pero continuó vomitando durante los primeros nueve meses de vida. En esa época la familia estaba muy estresada, y la regurgitación normal de este bebé vino a convertirse en un motivo de preocupación para la madre, que reaccionaba exageradamente, creyendo que el bebé era anormal y podría morir a menos que corrigiera esa tendencia a regurgitar. Con ayuda de su médico, trató de descartar toda posible causa, cambiando frenéticamente las fórmulas, manteniéndola erguida después de las comidas, ordenando rayos X de su tracto intestinal, etc. Luego de cada nuevo episodio de regurgitación reaccionaba en forma exagerada, y pronto el bebé se había arraigado en un patrón de vómito cada vez mayor. Al comienzo esto pudo haber sido el resultado del sobreestímulo. A medida que se tornaba en un patrón regular, también llegó a convertirse en la reacción del bebé a todo estrés a su alrededor. Cuando llegamos a entender la evolución de este patrón sintomático, redujimos el estímulo y la ansiedad en torno a cada comida, proporcionándole una enfermera cariñosa que la acompañara y le cantara suavemente. ¡El bebé respondió al cabo de una semana! No sólo dejó de rumiar después de las comidas, sino que además empezó a ganar peso. Compartimos nuestro hallazgo con la madre, le ayudamos a superar su propia ansiedad en cuanto al bebé, y las reunimos en situaciones libres de estrés en las que la madre alimentaba a su bebé en el hospital, bajo supervisión. Ahora que este síntoma dejó de alarmar a la madre, ella y su bebé están prosperando la una con la otra (para una discusión de los problemas de alimentación y de los factores emocionales, véase el capítulo 8).

Los padres tienden a concentrarse en una aberración evolutiva común y a reforzarla como un patrón a cualquier edad. Es probable que lo hagan por razones inconscientes, y quizá no se dan cuenta del papel que desempeñan al reforzar el comportamiento hasta que ya sea un hábito. Sin embargo, aún no es demasiado tarde para aliviar la tensión del niño y para romper el círculo vicioso. La experiencia de aliviar un síntoma perturbador puede convertirse entonces en una experiencia de aprendizaje de la cual tanto el niño como los padres pueden cobrar fuerzas.

Cada edad tiene sus situaciones naturales de estrés, y estaría fuera del alcance de este libro discutir cada una de ellas. No obstante, hay ciertos síntomas físicos o psicológicos relacionados con la edad, que surgen regularmente. Reconociéndolos como señales normales y pasajeras de desarrollo, los padres pueden evitar que se arraiguen como áreas de problema.

Primer año

Cólicos y llanto —normalmente dos o tres horas por día en los tres primeros meses.

Regurgitar después de alimentarse.

Chuparse el dedo.

Evacuación poco frecuente del vientre en un bebé lactante.

Estreñimiento —deposición dura que puede ser ablandada mediante cambios en la dieta.

Despertarse de noche justamente antes de esfuerzos máximos de desarrollo.

Rehusar la alimentación, actitud asociada con el deseo de comer por su propia cuenta a los 8 meses, aproximadamente.

Segundo año

Aberraciones en la alimentación —rechazar un alimento tras otro, y alimentarse solamente una vez al día.

Pataletas y períodos en que contienen la respiración.

Retener las deposiciones y problemas en torno al entrenamiento en el uso del retrete —generalmente a causa de un entrenamiento iniciado demasiado temprano y demasiada presión para que obedezca.

Cuarto a sexto año

Dolores de cabeza o malestares estomacales en los varones antes de ingresar en el colegio.

Dolores estomacales en las niñas.

Tics nerviosos, masturbación, mentiras, robos, temores y pesadillas, especialmente en los varones, cuando desarrollan sentimientos de agresividad que no pueden manejar durante el día.

Períodos transitorios de enuresis en los varones.

Primeros años de colegio

Reacción exagerada a las enfermedades, a las lesiones.

Usar la enfermedad como substituto para los temores al colegio.

Estreñimiento.

Enuresis ocasional durante una enfermedad u hospitalización.

Dolores de cabeza por la tensión.

Dolores estomacales por la tensión.

Adolescencia

Falta de apetito (anorexia).

Comer en demasía.

Demoras en el inicio de la menstruación.

Preocupación por la imagen corporal, asociada con un desarrollo precoz o tardío.

Muchos de estos síntomas son asombrosamente comunes cuando los niños crecen. Muchas veces llegan a ser un motivo de preocupación para el niño mismo. Cuando los padres añaden su propia reacción exagerada, intensifican la ansiedad del niño. Los niños son capaces de manejar su propia preocupación, pero no la de sus padres. Cuando los padres bloquean la comunicación, mostrándose, por ejemplo, excesivamente estrictos o punitivos, el niño puede decidirse por el malestar físico como una manera segura de lograr atención o de tratar con el adulto en otra forma.

Cuando el niño expresa su preocupación por tener un síntoma, hay una línea muy tenue entre la posibilidad de que los padres pasen por alto un desorden probablemente serio o que descuiden las necesidades genuinas del niño o que, por el contrario, lo tomen demasiado en serio y exageren su importancia en la mente del niño. Cuando un niño se queja de un dolor, los padres primero deben asegurarse de que no es serio. Luego pueden tranquilizarlo demostrándole, tanto por su actitud como por el hecho de haberlo examinado, que él tampoco necesita preocuparse en exceso. Si no hacen caso del dolor, el niño quizá tenga que esforzarse todavía más por lograr la atención de los padres (véase el capítulo 10 sobre dolores de estómago, dolores de cabeza).

En el caso de niños de más edad, cuando los síntomas se presentan con frecuencia y constituyen obvios esfuerzos por atraer la atención de los padres, deben convertirse en una señal de advertencia que indique la presencia de otros problemas subyacentes. Cuando un niño necesita un síntoma para expresar sus conflictos, es preciso que los padres presten mucha atención a sus preocupaciones. Por ejemplo, tomemos el caso de un dolor de cabeza causado por la tensión de enfrentar el colegio. Si los padres le permiten al niño acostarse o quedarse en casa, aumentan la magnitud del problema. Como el verdadero problema radica en enfrentar la ansiedad de irse de la casa y manejar la adaptación al trabajo escolar, a los profesores y a los compañeros, un padre que quiera ayudar debe mirar más allá del dolor de cabeza. Cuando los padres evaden la oportunidad de examinar la ansiedad cuya razón fundamental es la separación, y la necesidad de enfrentarse a la responsabilidad, contribuyen a fomentar el problema que tiene el niño para madurar, y pueden estar estrechando los lazos de apego que para él son bien difíciles de desatar. En cambio, si los padres pueden hablar al niño sobre las razones de su ansiedad, causada por la separación y el colegio, los dolores de cabeza con frecuencia disminuyen. Ofrecer simplemente una aspirina y no hablar en forma directa es tan perjudicial como hacer caso omiso de un síntoma con la esperanza de que desaparezca. Los médicos también evaden su responsabilidad de ayudar a los padres y a los niños mediante consejos tales como: "Él superará eso". Por lo general, los padres pueden buscar las razones de ansiedad que se ocultan tras los síntomas y luego interpretarlas para el niño. Esto no sólo sacará las preocupaciones subyacentes a un nivel de conciencia donde ambos pueden afrontarlas, sino que además le mostrará al niño que los padres se interesan, comprenden y quieren ayudar.

Aunque resulta poco probable que la interrogación directa revele las verdaderas razones de la ansiedad o angustia de un niño, ésta se pone en evidencia cuando los padres encuentran el área correcta. Los niños nos hacen saber mediante un gesto facial o un cambio visible de actitud cuándo se pone el dedo en la llaga. Pueden relajarse y sonreír, o pueden apartarse o cambiar de tema. El temor de ir a la escuela constituye un buen ejemplo. Si no se expresa directamente en palabras, puede surgir en forma de un malestar físico, como dolor de estómago por las mañanas. En general, es una combinación de angustia por estar creciendo y de temores acerca de lo que podría suceder mientras el niño está en el colegio. Una madre o un padre pueden abordar estos sentimientos y estimular al niño para que hable, diciéndole cosas como ésta: "Creo que estás preocupado por ir al colegio. Tal vez estés disgustado con tu profesor, o quizá con otros niños. Pero en realidad pienso que simplemente odias tener que irte de la casa y dejarme. Es difícil crecer, pero lo estás haciendo y debo ayudarte para que te conviertas en un muchacho grande e independiente". O decirle: "Tal vez estás preocupado por lo que me sucederá mientras estés en el colegio. Nada sucederá. Es cosa mía cuidar de mí misma —no tuya. Quizá la razón de que te preocupes por mí es que a veces deseas que algo me suceda. Todos los niños se enojan con sus padres y desean que algo malo les ocurra. Pero desearlo en momentos como ésos no hace que se convierta en realidad, y no debes tener miedo de tus deseos. Tal vez por eso a veces no quieras ir al colegio". Si el niño escucha, pero luego cambia de tema, la madre puede sospechar que ha dado en el clavo. Tal interpretación puede ayudar al niño a entenderse a sí mismo. Las dos técnicas, escuchar con atención y ayudarle a entender las razones de un síntoma, resultan eficaces en muchísimos casos —especialmente en niños que se desarrollan con normalidad. Son extensiones de una comunicación buena y franca entre padres e hijos y como tales, importantes (véase el capítulo 2 sobre temores).

Además de reconocer los temores y la tensión que se ocultan tras malestares que no tienen causas fisiológicas, los padres también deben estar conscientes del hecho de que cualquier enfermedad puede ser reforzada por la ansiedad. La difteria es un buen ejemplo. Produce una aguda dificultad para respirar y es una complicación común de resfriados en niños pequeños. Siempre ataca de repente, en general por la noche. El niño se pone muy ronco y respira ruidosamente, como graznando. Por la dificultad para respirar, el niño se atemoriza. Como la dificultad está localizada en la laringe y es el resultado de la hinchazón de los tejidos que obstaculiza esta vía respiratoria, se reduce la cantidad de aire que llega a sus pulmones. Cuando entra en pánico, su necesidad de oxígeno aumenta y empieza a respirar con mayor dificultad y rapidez. La tensión produce un espasmo en la laringe, con lo cual se reduce aún más su tamaño. El vapor es un antídoto específico que relaja el espasmo y a la vez reduce la hinchazón de los tejidos, facilitando así, de manera rápida, el paso del aire a través de la laringe parcialmente obstruida. Si los padres pueden responder a la ansiedad del niño con palabras tranquilizadoras, calmándolo, animándolo y acompañándolo en un cuarto lleno de vapor, el 95 por ciento de los malestares producidos por la difteria se pueden aliviar rápidamente y en casa. Si, por el contrario, la angustia de los padres incrementa la del niño, el espasmo de su laringe aumentará con el temor, y puede ser necesario hospitalizarlo de emergencia. La experiencia del hospital, lamentablemente, podría atemorizarlo todavía más, y, como último recurso, podría ser necesario someterlo a una operación quirúrgica para eliminar la obstrucción de la laringe. De modo que el primer deber de los padres es proteger a su niño de serias complicaciones, enfrentado su propia ansiedad en lugar de transmitírsela a él.

Los desórdenes psicosomáticos "heredados" tienen aún mayor probabilidad de suscitar ansiedad en los padres. Cuando éstos han tenido problemas con una enfermedad o un síntoma particular, es muy probable que lo refuercen cuando se presente en uno de sus hijos. Por ejemplo, un niño que sufre su primer ataque de asma tiende a estar atemorizado por su incapacidad de respirar apropiadamente. Si un padre que tiene alergias ha tenido asma, y sabe cuán atemorizante es, se pone nervioso, reacciona en forma exagerada y transmite su propia ansiedad, aumentando así los problemas del niño. El componente físico de una alergia es hereditario, y de ningún modo estamos negando esta tendencia heredada. Pero el desorden orgánico puede verse rápidamente agravado por excesiva atención. En algunos casos, la ansiedad bloquea la capacidad de los padres de usar remedios sencillos y eficaces. Hemos visto a muchos padres alérgicos que, al negar su ansiedad sobre el asma, no pueden oírnos cuando indicamos que deshacerse de un gato o de almohadas de plumas podría ayudar a reducir los alergenos existentes en la casa que puedan afectar al niño. Esperan demasiado tiempo para administrarle el medicamento que rompa el círculo que lo atemoriza. Esperan porque siguen abrigando la esperanza de que la dificultad para respirar desaparezca. A medida que la tensión del niño se va desarrollando, se manifiesta en forma de una respiración más forzada, y cada vez hay menos probabilidades de que pueda romper el círculo fácilmente. Con el tiempo, tal enfermedad se convierte en una manera de expresar toda ansiedad. Vemos a un niño de 3 o 4 años que respira con dificultad al observar la cara angustiada de su madre. Cuando los padres salen del cuarto, y una enfermera o un médico más objetivo se hace cargo, la ansiedad y la dificultad para respirar disminuyen. Ésta no es una especie de medicina milagrosa, ni tampoco es difícil de entender (para una discusión acerca del asma, véase el capítulo 12).

En resumen, síntomas como los mencionados anteriormente no son "fingidos" por el niño; y no tiene ninguna utilidad considerarlos como una debilidad de él. Tratar de avergonzarlo o castigarlo para que renuncie a ellos probablemente obre en dirección equivocada, reforzándolos, puesto que tales síntomas por lo general se producen como una forma de manejar la tensión proveniente de otras fuentes, tensión que con frecuencia no es obvia para los padres. Muchas clases de tensión están basadas en situaciones normales de estrés que se viven al crecer. Si la preocupación de los padres concentra la atención o la ansiedad en el síntoma, éste se va arraigando como un patrón "habitual" que se usa en reemplazo de las palabras para expresar sentimientos. El niño no puede dejar esos hábitos voluntariamente.

Como ya se mencionó, la primera responsabilidad de los padres es verificar el síntoma, para asegurarse de que no existe una causa fisiológica seria. Luego, evaluar y entender las razones que se ocultan tras el síntoma. Para los niños que se desempeñan adecuadamente en otras esferas de la vida, y para quienes no parece existir motivo alguno de preocupación en cuanto a su desarrollo en general, la mejor regla puede ser esperar y ver si dejan el síntoma a medida que van dominando la siguiente etapa de desarrollo. Para el niño que parece estar aferrado de manera inalterable a un síntoma que sea lo suficientemente serio como para dificultar una adaptación presente o futura, por lo menos hay tres líneas de conducta a disposición de los padres. La primera es tratar de aminorar las demás presiones en la vida del niño, de proporcionarle una mejor imagen de sus propias capacidades. La segunda, tratar de mirar más allá del síntoma y descubrir los conflictos que se ocultan tras él. Esto es más difícil, y son muchas las razones por las cuales los padres no siempre pueden comprender a un niño. Por ejemplo, pueden tener sus propias razones para no ver sus conflictos porque éstos conciernen también a sus problemas y quizá les cueste mucho trabajo admitir que el niño tiene problemas. Una de las fuentes más comunes de problemas en un niño es la tensión entre los padres. Apenas admiten que el niño tiene dificultades, empiezan a culparse mutuamente. Esto, desde luego, aumenta la tensión familiar y contribuye a incrementar el problema del niño. En una escuela preparatoria de Cambridge, Massachusetts, los profesores manifestaron que podían predecir qué padres estaban escribiendo sus tesis y qué madres estaban presentando exámenes por el número de infecciones que sus niños sufrían. Más evidente aún es la incidencia de infecciones respiratorias agudas en niños pequeños cuando sus padres están a punto de irse de viaje, o cuando la familia está a punto de mudarse a otra ciudad. Esto simplemente puede ser una cuestión de disminución en la resistencia como consecuencia de una tensión normal en la familia.

Unas de las cosas más difíciles de hacer en circunstancias como éstas es afrontar el problema abiertamente y trabajar unidos para resolverlo. He hablado de algunas formas con las cuales un padre puede expresar, mediante palabras, las razones ocultas tras el conflicto del niño, y de revelarle estas razones al niño, ayudándolo así a entenderse mejor a sí mismo y a sentirse comprendido por sus padres. Cuando estos esfuerzos no son suficientes, o cuando el niño siente la necesidad de excluir a sus padres y no puede responder a sus esfuerzos, la tercera línea de conducta que pueden seguir los padres es buscar la ayuda de terceros, como por ejemplo un profesor, un médico o un consejero comprensivos.

Un médico que esté interesado globalmente en el niño y en sus problemas puede ser de invaluable ayuda, tanto en lo referente a la prevención como a la cura. Obtener esta clase de ayuda no siempre es fácil en esta era de superespecialización, pero ciertamente vale la pena acudir a un médico que pueda trabajar con toda la familia. El pediatra o el médico de la familia puede ser la persona indicada. El primer paso para incorporar la ayuda de un médico es establecer con él una relación de trabajo abierta y llena de confianza. Expóngale todas sus preocupaciones y temores, y busque su consejo para que le ayude a poner en perspectiva el desarrollo de su hijo. A medida que el niño crezca, asegúrese de que desarrolle una relación positiva y de confianza con un médico. Éste puede actuar como una tercera persona objetiva y confidente para el niño. Un médico puede hacer observaciones, descubrir las razones que se ocultan tras el síntoma e, inclusive, explicárselas directamente al niño en términos inteligibles. Si se desarrolla una relación de confianza, todo esto significará muchísimo para el niño enfermo. Si un niño puede tener una relación directa con el médico, no a través de sus padres, esto puede ser todavía más eficaz para romper el círculo vicioso de síntomas psicosomáticos y enfermedad. Siempre es conmovedor observar el verdadero alivio con que un niño pequeño saluda al médico que llega para "curarlo", mientras sus padres angustiados están observando la escena. Un pequeño de seis años miró un buen día a su doctor, cuando dejó de jadear después de una inyección de adrenalina, y le dijo: "Si usted hubiera llegado antes, yo no habría jadeado". Esta clase de confianza merece la gran cantidad de tiempo y esfuerzo que el pediatra le dedica.

Un médico que conoce a la familia puede ser una gran ayuda para los padres en un momento como ése. Por desgracia, muchos médicos no se consideran competentes para manejar la tarea de aconsejar, y se esconden tras "estar demasiado ocupados", o tranquilizan a los padres asegurándoles que "él superará eso", sabiendo que no es así. Nosotros les recomendamos encarecidamente a los padres preocupados que pidan al médico una cita especial y obtengan su consejo como persona entendida y comprensiva. Si esta ayuda no es suficiente, consulten con un terapeuta que entienda de problemas de niños. Pueden solicitar una evaluación psiquiátrica o psicológica en un centro médico, la cual permitirá descubrir los problemas del niño, de modo que los padres puedan ayudar a resolverlos. Cuanto más pronto lo hagan, tanto menor será la posibilidad de que los problemas lleguen a arraigarse, y tanto más fácil será tratarlos y resolverlos. Todos los miembros de la familia se beneficiarán, y luego de superar las dificultades iniciales para enfrentar el tratamiento, las recompensas llegarán a ser evidentes para el niño y para todos los que están a su alrededor. Buscando ayuda oportunamente, un padre puede ayudar a un niño a evitar posibles problemas psicosomáticos en el futuro.

Confío en que estos capítulos, cada uno de los cuales trata un tema de importancia, tanto para los niños como para los padres, ayuden a señalar el camino para evitar el conflicto y la tensión. La infancia puede ser una época muy emocionante y llena de satisfacciones para todos. Pero los padres excesivamente escrupulosos y puritanos buscan en el desarrollo de sus hijos cosas por las cuales puedan preocuparse. Reconozco que desperdicié demasiado tiempo precioso preocupándome por estas desviaciones en mis propios hijos, cuando podía haber gozado, en cambio, estando con ellos y viéndolos progresar. Como las presiones externas sobre los padres aumentan, quisiera poder desembarazar los "años de infancia" para que disfruten más los unos con los otros. Los padres que entienden al niño y a sus propias reacciones emocionales inevitables, están en mejor situación de percibir y comprender el progreso evolutivo de sus hijos.

Las ideas expresadas en este libro son el producto de treinta años de ejercer la pediatría en Cambridge, Massachusetts. Me considero extremadamente afortunado por haber podido compartir los problemas de padres procedentes de una amplia esfera socioeconómica. En cada visita, cuando discutían el comportamiento inquietante de sus hijos, tuvimos la oportunidad de situar ese comportamiento en el contexto del desarrollo del niño, y de ver qué se encontraba detrás de sus propias reacciones frente a él. Trabajaron con más ahínco que yo ayudándonos a todos a entenderlo. Como en el curso de nuestra relación tuvimos la oportunidad de ver que los problemas se resolvían o, con menos frecuencia, de ver que se intensificaban y requerían tratamiento, llegamos a compartir el entendimiento expresado en cada uno de estos capítulos. Por consiguiente, las soluciones que aquí se presentan no son mías, sino que han sido recolectadas de un caudal de experiencias compartidas con miles de familias que han vivido en Cambridge y se han ido de ella.

Hace poco tuve la oportunidad de explorar algunos

de estos temas en una investigación sobre padres e hijos pequeños en el Hospital Infantil de Boston. Muchos investigadores sobresalientes han compartido sus ideas conmigo y han escuchado las mías y me han ayudado a ajustarlas. Hay una organización cada vez más grande y poderosa, la Sociedad para Investigar el Desarrollo del Niño, compuesta por unos 8000 miembros (psicólogos, sociólogos, educadores, enfermeras, médicos) que están intensamente comprometidos en trabajos de investigación con niños. He sido miembro activo de este grupo, como también lo han sido los investigadores con quienes he trabajado.

En los últimos trece años he tenido la oportunidad de entrenar pediatras en un programa especial de pediatría del comportamiento en la Facultad de Medicina de Harvard y en el Hospital Infantil de Boston. Durante estos años he compartido ideas con unos cuarenta estimulantes estudiantes de posgrado que participaron en este programa. En la actualidad la pediatría está dejando de ser una especialidad terapéutica orientada hacia la enfermedad, para convertirse en una que desempeña un importante papel preventivo y de apoyo para las familias jóvenes. La Academia de Pediatría incluye ahora al Comité para el Desarrollo Psicosocial de Niños y Familias. Esta comisión está procurando incorporar el entrenamiento en el desarrollo normal del niño en el programa de estudios de todos los pediatras. Si bien hasta el presente nuestra capacitación se ha ocupado exclusivamente de las enfermedades y su tratamiento, al menos estamos empezando a preparar jóvenes médicos y enfermeras para su papel de entender y apoyar el desarrollo normal de los niños y de sus familias. Ésta es una época muy interesante para dedicarse a la pediatría. Estos jóvenes médicos y enfermeras se encargarán de que el campo cambie para satisfacer las necesidades de las familias jóvenes. Nuestro centro de capacitación de Boston convoca a médicos (y, más recientemente, a enfermeras y a psicólogos) para concederles una beca de dos años destinada a entender el desarrollo normal del niño y el papel que desempeña una familia favoreciendo este propósito.

Todos los participantes en este programa de capacitación (hay aproximadamente la misma cantidad de mujeres y de hombres) ya han terminado su período de estudio de médicos residentes en pediatría o enfermería, o ya poseen un Ph.D. en psicología. Son personas maduras, capacitadas para entender las interacciones entre el desarrollo físico y el psicológico. Su capacitación consiste en estudiar la extensa literatura de investigación sobre el desarrollo infantil y en aplicar las técnicas para evaluar el desarrollo emocional, cognoscitivo y motriz de infantes. Deben aprender a evaluar a los niños en una forma que les permita entender cómo funciona cada uno y cómo hablarles a los padres preocupados. Hemos encontrado que cuando tratamos de entender o intervenir en una situación estresante entre padres e hijos, una de las técnicas más eficaces es la habilidad de "escuchar" el comportamiento del niño. Observándolo cuando está jugando, cuando está estresado y cuando recurre a sus padres, se puede desarrollar un criterio respecto a las presiones que existen sobre esta familia en particular. Haciéndoles notar a los padres las reacciones del niño, se los puede ayudar a tener una mejor percepción del papel que deben desempeñar al enfrentar el problema con el hijo.

La naturaleza de esta forma de escuchar puede deducirse del siguiente ejemplo sobre las dificultades para dormir que tenía un bebé atendido en nuestra clínica de remisión por uno de los pediatras que participaba en el programa de entrenamiento:

Lucy era una criatura de siete meses, de ojos brillantes y pelo rizado, que estaba casi continuamente en movimiento. Sus padres no podían tenerla en brazos por mucho tiempo cuando se empeñaba en que la bajaran. Decía "abajo" casi constantemente, retorciéndose en un esfuerzo determinado por bajarse y, si no le hacían caso, sus alaridos de protesta eran tales que los avergonzaba y los obligaba a hacer su voluntad.

La madre y el padre de Lucy eran médicos. Su padre tenía cuarenta años y era un investigador en el campo de la química de los fluidos del cuerpo. Su madre, de treinta y siete años, era una exitosa internista que sabía mucho de las enfermedades médicas de los adultos. Ambos se encontraban en la cima de su profesión cuando tomaron la decisión de tener su primer bebé, después de diez años de matrimonio. La señora Thomas narraba con gran seriedad cuán difícil le había sido tomar la decisión: "Yo sabía que era una persona de mucho éxito en una parte de mi vida. ¿Por qué arriesgarme a ser un fracaso? Y ahora lo soy. Lucy nunca duerme. Se mueve para allá y para acá toda la noche. No puede dormir. Se despierta cada tres horas y tenemos que ir a verla. Hasta hemos tratado de dormir con ella, pero entonces ni mi esposo ni yo podemos hacerlo. Así que nos turnamos —una vez me encargo yo, otra él, y luego me toca nuevamente a mí. Pero siempre estamos tan cansados que no veo la posibilidad de volver al trabajo. Mi esposo tampoco puede trabajar. Considero que he fracasado totalmente como madre. Lucy nos domina y eso no debe ser. ¿Qué podemos hacer?". Había desesperación en su voz al narrar esta historia.

El señor Thomas asentía con la cabeza cuando su esposa suplicaba ayuda, y asintió con mucho entusiasmo cuando ella hizo su pregunta final. Parecía que estaba completamente de acuerdo con su mujer, y dijo que, al igual que ella, ya no sabía qué hacer.

Entre tanto, Lucy les prestaba poca atención. Estaba muy ocupada dando vueltas por el cuarto. Gateaba sin cesar de un mueble a otro, y se levantaba apoyándose en ellos cuando alcanzaba. Su actividad motriz era precoz para su edad, puesto que se asemejaba más bien a la de un niño de 9 ó 10 meses. Todo este despliegue de actividad era bastante compulsivo y frenético. En una ocasión perdió el equilibrio y se golpeó la cabeza en el piso. Aunque sus padres se levantaron de un salto para atenderla, Lucy apenas lloriqueó. Cuando la señora Thomas trató de alzarla para consolarla, Lucy la apartó con brusquedad y se fue gateando rápidamente para explorar otra parte del cuarto.

"¿Ve? Actúa como si no me necesitara. Se halla aquí en un cuarto completamente extraño, y está más tranquila que yo. Ni siquiera usted le preocupa, y, sin embargo, yo estoy nerviosa por revelarle mis angustias. Me da la impresión de que Lucy no me necesita como madre. ¿Por qué decidimos entregarle nuestra vida?".

El rencor que producía a la señora Thomas la suficiencia de Lucy no se hallaba muy oculto, y tampoco sus sentimientos de impotencia y desilusión. La pediatra comentó que estos sentimientos podrían afectar su comportamiento hacia Lucy cuando ésta los despertaba por la noche. El padre dijo: "Es tan hábil para pararse en la cama que se medio despierta, se trepa por un lado de la cuna y empieza a gritar. Hemos hecho el intento de dejarla llorar, pero es más fuerte que nosotros. Si la dejamos llorar demasiado tiempo se exalta más, y entonces es absolutamente imposible lograr que se acueste y duerma. Estamos siempre tan enojados y tan cansados que difícilmente podemos hacerle frente a Lucy de día o de noche. ¿Usted nos puede ayudar?".

Estos padres médicos (ambos mayores) estaban exponiendo su impotencia y su desesperación a una pediatra (más joven) que aún se hallaba en entrenamiento. La médica, la doctora Fines, empezó a sentirse tan impotente y angustiada como los padres cuando éstos hicieron un recuento de los programas que ya habían ensayado para lograr que Lucy durmiera. Cuando la doctora Fines exploró los sentimientos de impotencia, logró sacarles que Lucy los había dominado "desde el principio". Había sido un feto activo en el útero. Su madre casi no había dormido durante los últimos tres meses del embarazo, y Lucy ya le había inspirado pavor antes de nacer. Cuando nació, era un bebé activo y extremadamente alerta. A ambos padres les causó asombro lo perfecta que era, lo competente que parecía desde el primer día. La señora Thomas dijo: "Ella sabía más de amamantar que yo, de modo que simplemente le seguí la corriente y tuvimos éxito. Siempre ha sido así. Si hacía las cosas a su manera, estábamos bien. Pero cuando no era posible satisfacerla, perdíamos el control". Miró a su marido, quien asintió con la cabeza. "Las verdaderas crisis comenzaron cuando Lucy tenía tres semanas y empezó a desasosegarse al final de cada día. Desarrolló un cólico típico y estábamos muertos de angustia. El médico de Lucy, que es un buen amigo nuestro, no nos ha prestado ninguna ayuda. Sólo dice: «Ella superará eso». «Si ustedes se calman, ella también se calmará». Pero ella no ha superado eso, y nosotros no podemos tranquilizarnos. Ella es más fuerte que nosotros".

Como se hizo evidente que la lucha entre ellos no se limitaba a un problema de sueño, sino que había invadido su alimentación (se negaba a que la alimentaran y ya tenían problemas) y su disciplina (pues eran incapaces de decirle "no"), lo mismo que su regulación diurna y nocturna, la doctora Fines comentó que ella lo concebía más bien como un problema de interacción que ahora dominaba su relación. El señor y la señora Thomas asintieron. Como si Lucy palpara el consenso, se fue gateando hacia la doctora Fines para treparse en su regazo. Extendió los brazos para que la joven pediatra la alzara. Recostó su cabecita en el hombro de esta joven mujer como si se sintiera segura y pudiera descansar por algún tiempo. La señora Thomas comentó con una ligera muestra de celos: "Ella ya la conoce".

Mientras la pequeña descansaba en sus brazos, la doctora Fines les dijo: "Sí, la veo como un bebé maravillosamente competente, hasta precoz. Pero ella también está tan desesperada como ustedes. Ella también quiere que tomemos una decisión por ella". El comportamiento mismo de Lucy en ese momento parecía ser la búsqueda de una situación más reconfortante que la que disfrutaba cuando ella misma ejercía el control. Sus padres estuvieron de acuerdo con la joven doctora en que no era conveniente para ninguno de ellos dejar las cosas en manos de Lucy. Empezaron a discutir los elementos que contribuían a sus sentimientos de impotencia. La madre habló sobre la fuerte, decidida y absorbente personalidad de Lucy, que corría pareja con la sensación de falta de experiencia de ellos. Detrás de esta falta de experiencia para cumplir sus funciones de padre y madre estaba la certeza de su éxito en otras esferas de su vida. Esto agravaba su sensación de impotencia e inclusive su furioso deseo de escaparse de una responsabilidad que los superaba. La doctora Fines se preguntaba si ellos recordarían alguna ocasión cuando se hubieran sentido igualmente impotentes. Tal recuerdo podría darles a todos alguna idea de cómo manejar esta situación.

La señora Thomas dijo abruptamente: "La razón por la cual nunca quise tener un bebé era que veía a mi madre tratando de cuidar a mi hermano pequeño. Estaba a merced de él todo el tiempo. Aunque yo sólo tenía seis años cuando nació, podía ver que se sentía controlada por él. Mi padre la trataba con desdén, y solía decir: "Las mujeres son así. ¡Quieren ser dominadas —inclusive por un bebé!". Yo lo odiaba por esto, y juraba que nunca sería una mujer así. Más tarde mi hermano, con apenas cuatro años, le dijo a mi madre un día, cuando ella se había arreglado para salir: "¡Tú te quedas en casa. Tu lugar está en la cocina!". Estos dos recuerdos me impulsaron a convertirme en una profesional que no tuviera que "permanecer en la cocina". Ahora estoy tan a merced de Lucy como lo estuvo mi madre". Después de esta abrupta manifestación, la señora Thomas se puso a llorar; luego, para concluir, agregó: "Nunca me había puesto a atar cabos, pero estoy repitiendo el patrón de mi madre, ¿no es cierto?".

El señor Thomas se sorprendió y conmovió por la explosión de su esposa, y manifestó: "Yo no me había dado cuenta de cuánto me necesitabas para ayudarte. Puedo ayudarte más de lo que lo he hecho. Yo también estoy siguiendo los patrones de mi familia. Mi padre jamás tomó una decisión ni ayudó en la casa, sino que dejó todo en manos de mi madre. Me asombra cuán pasivo he sido en todo esto. Creo que secretamente he estado admirando la fortaleza de Lucy, pero usted nos dice que en parte es ansiedad. Estoy de acuerdo. Debemos trabajar para ayudarla".

Luego de obtener alguna claridad respecto a las causas que se ocultaban tras los sentimientos de impotencia de los esposos Thomas, la doctora Fines se sintió con derecho a hablar sobre las necesidades de Lucy. Describió la necesidad de autoridad paternal que induce a un niño a comportarse mal con el propósito de llamar la atención de sus padres. La doctora Fines se preguntaba si el hecho de que Lucy se despertara de noche, su constante actividad y el negarse a ser alimentada no eran, en parte, intentos de lograr de sus padres un sentido más claro que el que ellos habían podido darle. La doctora Fines los estimuló a que le atribuyeran a su papel de padres una importancia más crítica. Destacó el maravilloso entusiasmo y el encanto de este bebé, y les dio el crédito de habérselos inspirado ellos. Pero estuvo de acuerdo con ellos en que todos tenían que trabajar unidos para canalizar la energía de Lucy y su extremadamente impetuosa personalidad. Le preguntaron cómo podían hacerlo.

Cuando la doctora Fines comenzó a tratar de darles instrucciones específicas sobre la disciplina y en cuanto a dejar que Lucy tuviera mayor libertad para desarrollar su propio patrón de sueño, se hizo evidente que los esposos Thomas no eran capaces de asimilarlas. Sus ojos se nublaron y apartaron la mirada.

En nuestra clínica de remisiones, el médico que está recibiendo entrenamiento es observado y apoyado por un supervisor que se halla en la sala de observación, detrás de un vidrio que sólo permite ver en una dirección. Cuando se ha registrado la historia de la familia y el niño ha sido evaluado apropiadamente, el médico que está en entrenamiento sugiere a los padres que lleven al bebé a tomar un refrigerio, mientras él consulta con el supervisor que está observando. Durante esta pausa, los miembros de la familia tienen la oportunidad de dialogar y asegurarse de que ninguna preocupación se pasó por alto. El supervisor puede, entonces, ayudar al médico a llegar a entender la dinámica del caso, y a elaborar un plan para abordar los problemas comprendidos.

En este caso parecía que los esposos Thomas estaban dominados por preocupaciones más profundas que bloqueaban su capacidad de aceptar consejo sobre la forma de manejar a Lucy. Mientras no se resolvieran estos conflictos más profundos, cualquier consejo sería ineficaz. Estábamos seguros de que ellos habían recibido un consejo de esta clase en sus visitas anteriores a su médico particular. El hecho de que no lo pudieran seguir era una indicación más de la forma tan ineficaz como enfocaban el problema con Lucy. Aunque ambos médicos podían imaginarse qué se ocultaba tras sus preocupaciones, era preciso explorarlas con los esposos Thomas. Para ello quizá sería necesario entrevistarlos individualmente.

Cuando regresaron al cuarto después del receso, Lucy estaba durmiendo en brazos del señor Thomas. La doctora Fines reanudó la conversación recapitulando sus hallazgos anteriores —que Lucy parecía bien constituida pero ansiosa, y que su ansiedad parecía indicar que sus padres necesitaban revaluar su relación con ella. Parecía necesitar un sentido más firme de los límites. Se veía que la señora Thomas tenía ansiedad de hablar sobre su relación con Lucy.

Cuando estaban conversando, la señora Thomas empezó a hablar sobre cuán contenta había estado con Lucy, pero que le parecía que estaba reproduciendo la incompetencia de su madre. No sabía por qué, pero hasta que lo mencionó ese día, no había tomado conciencia de que realmente tenía miedo de ser como su madre. Y, sin embargo, su madre había sido una mujer admirable. "Tal vez tengo miedo de no ser lo suficientemente parecida a ella, y en realidad quiero serlo". En este punto la doctora Fines tranquilizó a la señora Thomas, asegurándole que no le había causado un daño irremediable a su bebé con sus sentimientos ambivalentes, y que Lucy iba muy bien en cuanto a su desarrollo.

El señor Thomas les aseguró a su esposa y a la joven pediatra que él se sentía respaldado para brindarle mayor apoyo a su esposa. Le pidieron a la doctora Fines consejo específico en cuanto al sueño de Lucy (véase el capítulo 9).

Escucharon atentamente y parecía que trataban de absorber cada palabra de consejo.

Alzaron a Lucy con gran ternura al final de la sesión, y se veían menos perplejos cuando se fueron. Dos semanas más tarde regresaron sonrientes. Le dijeron a la doctora Fines cuán agradecidos estaban. Después de haberles ayudado ella a poner al descubierto parte de la dinámica que había tras sus sentimientos sobre la educación de su hija, comenzaron a ver su papel de padres con mayor claridad. El señor Thomas podía mostrarse firme con Lucy cuando su esposa lo necesitaba. Había empezado a ocuparse de Lucy por las mañanas y por las noches. "Ya no le tengo miedo", dijo. La señora Thomas era ahora una persona diferente, más segura de sí misma. Repetía una y otra vez cuán libre se sentía: "Puedo ser dos personas a la vez —una madre y la persona que era antes. Es como un milagro. Ayudarme a descubrir que estaba huyendo y que no había necesidad de hacerlo se convirtió en un milagro. Lucy es una niña distinta. Sabe lo felices que nos sentimos con ella, y no necesita atormentarnos todo el tiempo. Cómo nos estamos divirtiendo los tres juntos. Lucy lloró la primera noche; fui a verla y le dije firmemente, «Vuelve a dormir». Y se durmió, no lo podía creer. Se sentía más dichosa que yo por dormir toda la noche. Me di cuenta de que es sólo un bebé y no el monstruo que había llegado a inspirarme miedo. Es realmente maravilloso lo que ahora sentimos por ella".

Éste era un caso fácil para un médico sensible a la

impotencia engendrada por los conflictos de los padres. Era preciso descubrir y entender estos conflictos. Muchos de ellos son comunes a otros padres novatos, incapaces de tomar las decisiones claras necesarias para lograr una buena relación con un niño. El pediatra puede ayudar escuchando al niño, y ayudando a los padres a esforzarse por entender sus relaciones pasadas. A los padres de Lucy les fue posible manejar su angustia, y lograron efectuar una reorganización dramática con muy poca ayuda. Parece que comprendieron de inmediato que sus viejas actitudes estaban dominando su comportamiento, y tuvieron la suficiente fortaleza para buscar y destapar algunas de las razones que se ocultaban tras esas actitudes. En cuanto la doctora Fines les indicó que este trabajo era necesario para solucionar las dificultades para dormir y otros problemas que tenían con Lucy, comprendieron que era preciso poner manos a la obra y reorganizar su relación. Desde luego, el hecho de que hubieran podido lograrlo en una mañana raya en lo milagroso, pero su buena voluntad y su desesperación antes de acudir a la clínica, lo hicieron posible. Estaban dispuestos a seguir los consejos sobre la forma de manejar los problemas disciplinarios, de sueño y de alimentación.

Espero que esta clase de pediatría psicológica sea la corriente del futuro. El trabajo que efectuamos en nuestro programa en el Hospital Infantil me brindó la oportunidad de ensayar tal enfoque y de compartir mis ideas y mi modo de pensar sobre cuestiones relacionadas con el papel de los padres en la educación de sus hijos con estos futuros líderes en el campo de la pediatría.

Los temas contenidos en este libro han sido tratados en forma más breve en mis artículos bimensuales publicados en la revista *Redbook* en los últimos seis años. Mi capítulo sobre *"Complaints with an Emotional Element"* [Malestares con un elemento emocional] en la *Child Health Encyclopedia* (Delacorte, 1975) en el Centro Médico Infantil de Boston fue adaptado como parte de esta introducción. Si estos capítulos son útiles para los padres, mi gratitud es para aquellas familias confiadas y cooperadoras que me ayudaron a escribirlos.

PRIMERA PARTE

AMOR Y
TEMORES

2

CÓMO DESCUBREN
EL AMOR LOS BEBÉS

Las preguntas más comunes que me hacen los padres jóvenes en mi práctica de pediatría son: "¿Estoy haciendo lo correcto por mi bebé?" y "¿Cómo sabrá que lo quieren?". La primera pregunta es generada por el deseo de dar todos los pasos correctos durante el embarazo y el parto, en una época en la cual nuestra sociedad ya no está tan segura de sus metas y en la que los padres no cuentan con mecanismos seguros para averiguar cuáles deben ser estos objetivos. La parentela cercana no está presente para ayudar a transmitirlos, y un gran número de expertos en la crianza de niños ha seguido el singular camino recorrido por el Dr. Spock para convertirlo en un mar de confusiones para los padres: ¿Debo o no estimular a mi bebé? ¿Debo usar refuerzos positivos? ¿Debo tomar cursos de eficiencia para padres?

Quizás el hecho de que haya tantos puntos de vista diferentes sea bueno en algunos aspectos. Al menos los padres jóvenes no tienen que sentirse agobiados por la sensación de que existe una sola respuesta y que ellos no pueden encontrarla. El caudal de fuentes conflictivas de consejo podría presionarlos para que hallen su propia solución, una solución individual, a diferencia de una predeterminada. Me preocupa el hecho de intervenir en la polémica y ofrecerles un consejo más a los padres, que ya se sienten bastante abrumados. Sin embargo, lo que sí les ofrecería no sería un consejo específico. Todo lo que puedo recomendarles es: "Hagan lo que proporcione a usted y a su bebé el mayor bienestar posible y aquello que les permita disfrutar al máximo el tiempo que pasen juntos". Cuando se ve enfrentado con esa respuesta en una reunión social, alguien que esté buscando una respuesta simple se aparta inmediatamente de mí y se va en busca de un conversador más ameno. Cuando un padre o una madre que está tratando seriamente de hallar la respuesta me pide consejo, puedo tratar de darle uno más completo. Les pido a los padres con ahínco que sigan sus propios "mejores instintos" —que son una combinación de intuición, experiencia propia y lo que pueden aprender de los problemas que ellos y su hijo están enfrentando. Una solución así no es, desde luego, infalible; con los períodos buenos habrá períodos de conflicto. Los tiempos difíciles pueden emplearse para reevaluación y cambio. Creo que *aquello que* usted haga como padre o madre estará lejos de ser tan importante para el niño como *la forma* en que lo haga —y el cariño y la atención con que lo haga. En otras palabras, el hecho mismo de que usted quiera a su bebé y se preocupe por él es el mensaje más importante que él recibirá.

Pero ¿cómo sabrá su bebé que usted le tiene cariño? ¿Es que no todos los padres les tienen cariño a sus hijos? Es probable que así sea, pero el grado en que se liberen de sus propios problemas y sean capaces de atender a las necesidades de su hijo puede diferir considerablemente. Interesarse lo suficiente como para mirar más allá de las propias necesidades, con el fin de estar allí cuando su hijo lo necesite, no es tarea fácil. Y estar realmente disponible puede ser muchísimo más difícil de lo que parece a simple vista.

UNA DANZA DE AMOR

Para entender este proceso, un grupo de médicos que trabajamos en el Hospital Infantil de Boston hemos venido estudiando el desarrollo de vínculos entre padres, madres y sus pequeños durante los primeros meses. Los doctores Edward Tronick, Heidelise Als y yo hemos tratado de encontrar la forma de evaluar el inicio del desarrollo emocional e intelectual, presuponiendo que los mensajes importantes que un padre o una madre cariñosos le transmiten a su bebé pueden ser captados. Hemos venido observando sesiones de juego cara a cara en nuestro laboratorio.

Sabemos que a los padres les resulta difícil jugar con sus bebés cuando los están filmando, y sabemos que un laboratorio no es un medio ambiente natural. No obstante, consideramos que existe un patrón de conducta previsible cuando la madre y el padre desarrollan una interacción con su bebé durante la sesión de tres minutos. Cuando desaceleramos la cinta con el fin de analizarla, encontramos algunas cosas asombrosas en todos los casos donde los padres lo pasan "bien" con sus bebés. Y si no es así (como cuando el bebé no prospera porque los padres no pueden darle al pequeño la educación que necesita, o en los casos en los que el bebé está desatando sentimientos negativos en los padres), podemos percibirlo muy claramente.

El bebé es puesto en una silla reclinable, encima de una mesa. A la madre se le indica que se siente frente al bebé y que le hable y juegue con él, sin alzarlo. Cuando la madre entra, usualmente comienza a hablarle al bebé en voz suave; le toma las piernas o las nalgas al saludarlo, y luego empieza a hablarle. Cuando el bebé ve a su madre, la saluda con una sonrisa de felicidad y le presta gran atención. Durante los siguientes tres minutos de la sesión, juegan como ejecutando una especie de danza rítmica mientras se hacen señas de un lado para otro. El bebé suele fijar el ritmo mirando a su madre; se le ilumina el rostro, extiende poco a poco las manos y las piernas, y vuelve luego suavemente a su posición anterior. Al observarle los ojos, cuando se desacelera la película, se percibe que alterna suavemente entre un estado donde se muestra intensamente interesado en los intentos de su madre por entretenerlo, y una mirada opacada mientras se va calmando. Con frecuencia mira a un lado para "recuperarse" de las miradas intensas que su madre le dirige. Está atendiendo intensamente y luego recuperándose en un ritmo suave pero definido, como si quisiera proteger su sistema cardíaco y pulmonar bastante frágil e inmaduro para evitar que se recargue. Puesto que los ciclos de estados de ánimo de intensos a opacos se suceden a un ritmo de cuatro por minuto, sólo es posible verlos en cámara lenta. Lo que uno percibe como resultado de una observación directa es un bebé bastante apacible, alerta y de aspecto suave que está respondiendo a su madre en una forma que hace que uno se sienta bien.

Si se observa a la madre en la película, se podrá ver que ella también está jugando el juego de entrar y salir del ciclo. Mira al bebé casi todo el tiempo, pero juega con él en ritmos —lo toca; retira la mano; lo vuelve a tocar; a menudo le da palmaditas o lo frota de manera rítmica, al compás con el niño. La madre sonríe y emite sonidos vocales a un compás muy sincronizado con el de su bebé. Su cabeza se mueve suavemente hacia adelante cuando lo mira, y vuelve hacia atrás cuando lo calma. Todos sus ritmos y sus avances se ajustan a los ciclos de atención del bebé. De nuevo, lo que se percibe al observarla sin el beneficio de la película desacelerada, es que ella tiene un aspecto tierno y suave, y que está jugando apaciblemente "juegos" vocales o faciales con su bebé.

En la base de toda esta serie de ciclos de atención y recuperación está un sistema de comunicación sumamente importante denominado sistema de "realimentación". Cuando la madre y el bebé se encuentran entrelazados en las señas y los ritmos de cada cual, más que transmitiendo simples mensajes se están alimentando mutuamente. Se están diciendo el uno al otro que realmente están en comunicación, y la sensación de sincronía les dice a ambos: "En realidad estamos entrelazados". Mis colegas y yo percibimos esto como la base de la primera comunicación emocional del bebé. En esta forma aprende, mediante la "realimentación", acerca del mundo que lo rodea y toma conciencia de sí mismo. El ritmo sutil que tanto la madre como el bebé mantienen, puede ser manipulado en cualquier momento por cualquiera de los dos. Si el bebé lo modifica con una sonrisa, lo más probable es que la madre le devuelva la sonrisa, y así aprende acerca del efecto que la sonrisa produce en los que están a su alrededor y en sí mismo. Esto es válido también en cuanto a vocalizar o a hacer un gesto de acercamiento al cual la madre responde a su manera. En este sistema recíproco, ninguno de los dos dirige al otro todo el tiempo. En algún momento, el bebé puede estar fijando el tono; en otro será la madre. Uno dirige al otro en un sistema que va alternándose. En algún momento, cualquiera de los dos puede apagar el interés del otro. Esta parte del sistema es importante para el bebé; como su sistema nervioso es inmaduro, es necesario que pueda apagar la acción de su madre para no quedar agobiado por la emoción de un número excesivo de mensajes de ella. De modo que tanto la madre como el bebé ejercen algún control sobre este diálogo. El bebé está tomando conciencia de sí mismo y de la influencia que él ejerce en otro ser importante mediante su conducta. La madre está aprendiendo la forma de ajustarse a las respuestas y necesidades sutiles de su bebé.

EL ESTILO DEL PADRE

Hemos encontrado que el padre establece con el bebé un sistema de conducta diferente pero previsible. A la edad de 3 o 4 semanas, su ritmo con el bebé es claro y se diferencia del que han desarrollado la madre y el pequeño. Los doctores Suzanne Dixon y Michael Yogman en la Unidad de Desarrollo del Niño del Hospital Infantil de Boston han descubierto que los padres son más propensos a usar un enfoque juguetón y a "acelerar al bebé", acrecentando el ritmo que el niño fija. Les dan pequeñas palmadas en diferentes partes del cuerpo en juegos rítmicos, les hablan en ritmos más exaltados y exageran las expresiones faciales en una forma que parece decirle al bebé: "¡Vamos! ¡Juguemos!". Un bebé pequeño primero observa apaciblemente cuando se inicia un período así con su padre. Luego suele encoger los hombros, desplegar gran entusiasmo, y, finalmente, estallar de risa, dando brincos de alegría en su silla. Tan previsible es este patrón que hemos encontrado que un bebé de 3 meses suele asumir una actitud expectante, con los hombros encogidos, e inclinarse hacia adelante en su silla cuando oye la voz de su padre. Es como si supiera que la presencia de su padre dará por resultado esta clase especial y juguetona de comunicación. Los padres, a su vez, aprenden muy pronto a esperar ver esta actitud juguetona en el rostro y en el cuerpo del bebé, y responden a ella con una actitud juguetona esperada. Aun cuando es el padre el que más cariño brinda, el bebé parece reservar una conducta especial de "juego" para su padre, y, para su madre, un conjunto de respuestas rítmicas más suaves, apacibles y menos exaltadas. Estos patrones previsibles indican lo importante que, para cada participante, es tener un conjunto conocido de señales de conducta que le digan a cada uno: "¡Tú estás aquí y yo estoy contigo!".

UN SISTEMA PODEROSO

En este sistema de realimentación, el bebé toma conciencia de su universo. Llega a saber quién puede responder con intimidad; aprende qué conductas suyas producirán una respuesta; y aprende que cuando es él quien fija el tono, estará envuelto en este intercambio maravillosamente gratificador. De esta manera toma conciencia de sí mismo como ser humano social desde temprana edad. Es en este sistema en el cual, en mi concepto, por primera vez toma conciencia del hecho de que él es lo que llamamos "amado". Si yo pudiera demostrarles esto a las madres y a los padres que me preguntan: "¿Cómo sabrá él cuándo es amado?", creo que sabrían lo que quiero decir cuando respondo: "Obsérvenlo y él les dirá". Porque, de veras, uno mismo puede ver y sentir cuándo está operando esta interacción rítmica.

Este sistema recíproco es la base de la crianza de los hijos por parte de sus padres. Estar presentes cuando su bebé los necesita, y mostrarle que se preocupan por él, es la parte que corresponde a los padres en este sistema de comunicación, y la oportunidad que el bebé tiene de saber que es amado. La recompensa que usted obtendrá cuando entre a formar parte de esta comunicación íntima es que usted "sabrá" cuándo está en contacto con su bebé. El ritmo subyacente de atención-desatención tiene una fuerza tan irresistible que lo arrastra a usted. La respuesta del bebé a cada esfuerzo por atraer su atención es tan intensa que usted sentirá una gran ternura cuando él sonría, cuando vocalice o cuando se retuerza de emoción. Al final de la respuesta, como si le estuviera diciendo: "Ahora es tu turno", suele "apagar" su respuesta en espera de la suya. En un período de juego así, las oportunidades de conocerse mutuamente son ilimitadas.

En nuestra investigación hemos demostrado el poder de este sistema al interrumpirlo brevemente. Pedimos a los padres que mantengan la cara perfectamente inmóvil y que no muestren reacción alguna. El bebé casi no puede creerlo. Demuestra cuánto ha aprendido a confiar en este sistema mediante sus reiterados y prolongados esfuerzos por volver a captar la conducta rítmica juguetona de sus padres. Hará muecas, gorgoteará, extenderá los brazos, se dejará caer hacia adelante en su silla, todo esto en un esfuerzo para movilizar a sus inactivos padres. Por último, luego de un minuto o más de este comportamiento que no suscita respuesta alguna, el bebé se apartará para mirar sus propias manos, o para tratar de dormirse con el fin de evitar el doloroso desdén de un padre que no responde de ninguna manera. Habiendo aprendido a esperar el juego y la comunicación, se siente deshecho sin ellos. Un padre deprimido o ensimismado puede producir en un bebé un efecto devastador.

Estas reacciones constituyen fuerzas en un bebé de 4 a 8 semanas de edad. Cuando la madre sí se anima a jugar con él en la forma acostumbrada, el bebé redobla sus respuestas con evidente regocijo. En otras palabras, una criatura que es amada espera una especie de respuesta de cada uno de sus padres, y cuando no la obtiene, dispone de maravillosos y poderosos mecanismos para protegerse del desengaño —al menos temporalmente. En estos períodos defensivos bien puede estar aprendiendo a desarrollar importantes mecanismos para enfrentar futuros desengaños.

Otra parte no menos importante de este intenso sistema de señales es la capacidad de ponerle término que tienen los padres o el bebé. Estoy convencido de que los límites son tan importantes para que el bebé aprenda a tomar conciencia de sí mismo como lo es cualquier otro aspecto de su mundo. Si se pasara todo el tiempo sumergido en este sistema recíproco sin interrupción, ciertamente su día se volvería demasiado intenso o demasiado insulso e, inclusive, aburrido. De modo que los límites que se le impongan al sistema son tan importantes como el hecho de que el sistema exista. El bebé aprende que puede participar así en un período de interacción intensa, pero que luego seguirá una necesaria separación. Esta experiencia de separación le enseñará que es un individuo aparte y que también puede arreglárselas por sí mismo. Este sistema alimenta su desarrollo, tal como lo hace la frustración de ponerle fin y la experiencia de tener que entretenerse solo. Estoy convencido de que parte de la responsabilidad de los padres es darle al bebé oportunidades de autonomía, de aprender que cuando trata de alcanzar un objeto que está frente a él y lo logra, obtiene más satisfacción que cuando hace que se lo alcancen. En otras palabras, hay momentos cuando fijar límites, decir "no", o inclusive dejar al bebé para que encuentre su propia solución, también puede darle a entender que usted lo quiere.

De esta manera, el bebé aprende desde muy temprano lo que es amar y ser amado. Podemos ver ese enternecimiento y esa emoción rítmicos en los niños que reciben cariño en las salas del Hospital Infantil. También podemos ver el contraste: la mirada fija, con los ojos muy abiertos, no rítmica de un pequeño que no ha recibido cariño. La cautela frente a la comunicación social va asociada a una especie de anhelo por parte de un bebé de 1 ó 2 meses. Esta habilidad del niño para entrar en un sistema rítmico que va y viene, lleno de sonrisas, emoción y arrullos, nos dice si en casa es estimulado lo suficiente.

LOS NIÑOS HIPERSENSIBLES

Sin embargo, hay niños que son difíciles de estimular. Cuando se intenta mecerlos suavemente, se ponen tiesos y se arquean hacia atrás. Cuando uno los mece, experimentan una serie de sobresaltos corporales que terminan en un llanto inconsolable. Cuando mira a un bebé así a la cara o le habla, se arquea, se ve asustado y se aparta. Cualquier intento de acercarse a estos bebés parece producir respuestas negativas. Lloran inconsolablemente durante largos períodos en el día. Los estímulos sociales no parecen provocarles entusiasmo sino apatía. ¿Qué puede hacer un padre para acercarse a un bebé así? Toda madre que se interese y se preocupe, automáticamente se culpará a sí misma por fracasar con un bebé como éste. Las madres me cuentan que *saben* que es culpa de ellas. Estos sentimientos de culpa e ineptitud son precisamente los que pueden irse acumulando hasta el punto de producir una sensación de impotencia e inclusive, rencor hacia el bebé: ¿Será que nunca me aceptará? ¿Qué es lo que estoy haciendo mal? Estos sentimientos generan ansiedad y presionan a los padres a redoblar sus esfuerzos por acercarse al bebé. A su vez, los esfuerzos abruman todavía más al bebé, quien se aparta en forma aún más dramática. El ambiente puede ser apto para producirles sentimientos de fracaso a ambos: a la madre, una sensación de haber fracasado en su rol, y al bebé, la de no poder relacionarse con otros.

Para tratar de entender este proceso defectuoso, hemos estudiado un grupo de bebés que manifestaban, en nuestro concepto, una hipersensibilidad a los estímulos sociales, incluso en la sala de los recién nacidos. En este lugar ruidoso y excesivamente iluminado descansaban en sus cunas con los ojos muy abiertos, la mirada perdida y *frunciendo el ceño*. Cuando los observábamos, aunque parecían despiertos, daban la impresión de estar casi hipnotizados e inaccesibles. Si se les hablaba en tono suave, o se los tocaba, o les canturreaban, o los mecían, se veían más preocupados. Fruncían aún más el ceño, y los ojos se les ponían más vidriosos al apartar la mirada con tenacidad. Cuando tratábamos de obtener una respuesta "positiva", su respiración se aceleraba hasta tornarse profunda y regular. Cuando persistíamos en nuestros esfuerzos, con frecuencia se apartaban obstinadamente, su color empeoraba, e inclusive podían tener una evacuación intestinal o regurgitar. Desde un principio, estos bebés parecían no poder con los estímulos sociales normales. Cualquier cosa que unos padres bienintencionados hicieran por captar una respuesta de estos bebés los hacía poner rígidos, apartarse o retraerse.

Estos bebés suelen ser largos y delgados, de piel ligeramente seca y cara marchita, como pequeños ancianos. Quizá sufrieron una depauperación en el útero sin ninguna razón previsible o explicable. Aunque las mujeres desnutridas, las que abusan del cigarrillo o de las bebidas alcohólicas y las toxicómanas sí producen bebés como éstos, en muchos casos no existe explicación. La madre a quien le entregan un bebé con estas características pensará automáticamente que esta conducta es culpa suya. Como muchos de estos bebés tienen un peso adecuado (de 6 a $6^1/_2$ libras) y no son prematuros, el personal médico los trata como si fueran normales, y, por tanto, los padres esperan una conducta normal. Pero su modo de reaccionar no es normal y un padre, inconscientemente, lo sabe. Los elementos que no permiten desarrollar una interacción afectuosa se encuentran dentro del bebé. El padre piensa que esto obedece a la forma como él o ella lo trata, y puede dar pie a un mal comienzo.

Cuando nos dimos cuenta de que estos bebés estaban manifestando una especie de hipersensibilidad como recién nacidos, empezamos a descubrir la explicación de otras conductas que observamos en ellos. Su habilidad para controlar su estado de conciencia no era tan eficaz como en la mayoría de los bebés de gestación completa. La mayoría de estos bebés solían despertarse lentamente y estar disponibles para la interacción por un momento; aun cuando estuvieran llorando era posible establecer contacto con ellos por medio de la voz, o teniéndolos en brazos y meciéndolos. Le transmitían a uno la sensación de haber hecho por ellos lo correcto. ¡Pero no así los niños hipersensibles! Éstos podían dormir, o bien permanecer ausentes en un estado de modorra y somnolencia o prorrumpir en llanto en un espacio de tiempo muy corto. En cualquiera de estos tres estados estaban inaccesibles. Sus períodos de accesibilidad para responder a los estímulos de sus padres eran muy cortos e imposibles de predecir. Solían estallar en un llanto estridente e inconsolable o quedarse abruptamente dormidos con el ceño fruncido antes de que los padres pudieran establecer un sistema de realimentación para la interacción. Éstos ya eran recién nacidos que daban poca satisfacción. Cuando se los alimentaba comían vorazmente, pero con frecuencia regurgitaban la comida. Cuando trataban de jugar con ellos en las horas de comida, presentaban trastornos gastrointestinales. Algunos tenían cólicos y diarrea. A partir de las tres primeras semanas, literalmente dormían y comían y luego lloraban sin consuelo durante largas horas, por lo menos hasta cumplir doce semanas.

A medida que los estudiábamos y escuchábamos a sus apesadumbrados padres, empezamos a revaluar la tarea de brindarles el cuidado que ellos necesitaban. Para no contrariarlos de inmediato, descubrimos que teníamos que tocarlos, tenerlos en brazos, mirarlos o hablarles, pero no todo a la vez. Cuando regulábamos lo que estábamos haciendo con ellos, disminuyendo el ritmo, la calidad y la intensidad del estímulo, en forma tal que éste fuera no sólo delicado sino de muy baja intensidad, podíamos observar que la respuesta inicial de estremecimiento era seguida por una relajación y una especie de llanto suave, a la vez que se volvía lentamente hacia nosotros para recibir el estímulo. Aunque la respuesta resultaba en extremo sutil y casi indescifrable, ya no era evasiva o negativa. Se veía que el bebé podía aceptar un estímulo a la vez, pero no más de uno. E inclusive, ese estímulo tenía que reducirse para ajustarlo a sus límites. ¡Habíamos encontrado la forma de establecer contacto con él sin provocarle de inmediato sentimientos negativos! Cuando aprendimos a respetar su excesivamente bajo umbral para asimilar estímulos, y el esfuerzo que tenía que hacer para organizar sus respuestas a un estímulo, empezamos a entenderlo mejor. Podíamos ver que era capaz de tranquilizarse lentamente para recibir y responder a un estímulo auditivo, visual o táctil, o al estímulo cinético de ser alzado o mecido. Pero solamente podía responder a uno de estos estímulos a la vez, sin exaltarse ni perder la organización que tanto trabajo le costaba lograr.

Desde que comenzamos a entender a estos bebés, hemos podido demostrar a sus padres esta conducta hipersensible y exaltada. En lugar de sentirse impotentes e ineptos con sus bebés, pueden cambiar de enfoque, tomar las cosas con calma, reducir los estímulos que hay alrededor de estos bebés, y tratarlos con seriedad. Fajarlos ayuda en ocasiones. Emplear un chupete o enseñarles a chupar dedo puede ayudarles a desarrollar su propio sistema de control. Alimentarlos en un cuarto tranquilo y poco iluminado, con un mínimo de estímulos a su alrededor, también puede ser una ayuda. Mantenerles de día y de noche un horario regular y predecible, y reducir el exceso de actividad, es una ayuda tanto para tales bebés como para sus padres.

Estos bebés hipersensibles están en un extremo del espectro de niños que son difíciles de entender. Los padres deben tener una gran sensibilidad afectiva para poder criarlos con éxito. Los padres que habían esperado un bebé cariñoso, calmado y sociable, tienen que adaptar sus ritmos, su nivel de estímulos, todo su ciclo diurno y nocturno, para satisfacer las necesidades de estos bebés. Se trata de un gran desafío. Enseñar a estos bebés a percibir estímulos y a responder a ellos sin perder el control de sí mismos, puede ser una ardua tarea.

Si no se logra establecer contacto con un bebé de este tipo en la infancia, es probable que crezca con las mismas reacciones hipersensibles y exaltadas con que nació. Por ejemplo, si se estremece y se aparta de cada mensaje de su medio ambiente porque resulta excesivo para su sensible sistema nervioso, no podrá aprender a asimilar la información que es importante para su progreso. Entre tanto, su familia percibirá esta conducta de "apartamiento" como una muestra de que ellos fracasaron con él. En vez de averiguar qué clase de estímulos podría él utilizar, están demasiado enredados en su preocupación natural por ser padres perfectos. Sienten el fracaso que se está desarrollando entre ellos y se alejan de él, porque se preocupan mucho. En el proceso de alejamiento, cada vez le brindan menos oportunidades para que aprenda a manejar su sistema nervioso excesivamente sensible. Por consiguiente, la cada vez mayor falta de oportunidades para la interacción, está ligada a la continua incapacidad de participar en interacciones placenteras cuando éstas se presentan. La frustración de los padres empieza a transmitírsele al bebé. Ellos están casi obligados a tratarlo en una forma que lo hace sentir a él fracasado. Su propia conducta empezará a reflejar la sensación de fracaso. Obrará de una manera que creará desasosiego a su alrededor. Reaccionará en forma exagerada y se pondrá a llorar, o se apartará. Reaccionará con torpeza o asumirá una actitud desafiante con el correr del tiempo. Tropezará con los muebles y se mostrará insensible a ello. Su comportamiento provocará una desaprobación negativa más que una recompensa de sus padres. La expectativa de fracasar empieza en la infancia y es reforzada por padres cuya conducta solícita no es recompensada. Se va desarrollando un sistema de fracaso. Sólo entendiendo los mecanismos del sistema nervioso hipersensible del bebé se podría evitar esto. Estos son niños difíciles, aun para padres que tengan las mejores intenciones.

Con cada bebé, la tarea principal de los padres es establecer un ambiente lleno de amor que se adapte a los ritmos y a las respuestas de cada niño individual, para que pueda tomar conciencia de sí mismo. Dentro de esta atmósfera de cuidado y atención afectuosos (llamada *amor*) proporcionada por un padre (amoroso), el bebé aprenderá a reaccionar, a actuar en forma recíproca y a recuperar el control cuando reacciona con exageración. Ésta es una tarea difícil para ambos. Por fortuna, un cariño como éste suscita una respuesta enorme en la mayoría de los bebés, de manera que los padres sienten cuándo van por buen camino y pueden sentirse recompensados por sus esfuerzos.

Para sentirse amada, una persona debe amarse a sí misma. Para ello debe tener fuertes sentimientos de autonomía, ser capaz de enfrentar la frustración, ser capaz de incorporar dentro de sí misma los firmes límites de un ambiente de cuidado y atención. De modo que un padre o una madre que ama, también debe transmitir estos límites. Esto puede parecer como un mensaje negativo, a menos que se conciba como una forma de ayudar al niño a aprender *todo* acerca de sí mismo y del mundo. Debe entender que es amado, pero que en ocasiones un padre o una madre debe decir: "Esta vez te propasaste". Ayudarle a aprender esto también puede ser amor.

3

TEMORES DE LOS NIÑOS PEQUEÑOS

Manifestar temores puede ser la forma como un niño pide ayuda. Estos temores tocan una nota sensible en los padres, y generalmente producen una reacción reconfortante. Si se presentan con suficiente frecuencia, pueden llamar la atención hacia una inseguridad más profundamente arraigada en el niño, y en tal caso los padres pueden verse obligados a eliminar presiones y situaciones estresantes innecesarias que el niño soporta. En esta forma, los temores de los niños cumplen un doble propósito.

Los temores y el hecho de ser temeroso constituyen una parte normal de la infancia. Manifiestan la necesidad de dependencia que el niño tiene, y se presentan en determinadas épocas de su desarrollo. Casi siempre van asociados con un gran despliegue de actividad en una o más áreas de desarrollo —en las esferas intelectual, emocional o motora.

LA ANGUSTIA CAUSADA POR EXTRAÑOS

Los primeros temores de un niño pueden manifestarse en forma de una creciente sensibilidad a los extraños, la cual surge en diversas épocas previsibles durante el primer año. Una mayor percepción de la presencia de extraños y el miedo a estas personas son la primera evidencia que los bebés muestran sobre su creciente habilidad para distinguir la gente importante en su vida. Aprender a distinguir a la madre del padre y de los "otros" es una de las principales tareas de los niños, y comienza a temprana edad. Por ejemplo, nuestra investigación en la Unidad de Desarrollo del Niño del Hospital Infantil de Boston (con los doctores Michael Yogman, Suzanne Dixon, Heidelise Als y Edward Tronick) ha confirmado que a la edad de 4 a 6 semanas, los bebés reconocen a su padre y se comportan en forma diferente con él, con su madre y con gente extraña. A esta edad ya pueden distinguir a los extraños. A los 4 meses miran con mayor cautela a todo el que no sea su madre o su padre, y tratan de evitar un estrecho contacto con esa persona extraña. Inclusive un "otro" conocido puede causar ansiedad. Es justo en esta etapa de desarrollo cuando un bebé se vuelve agudamente consciente de todas las cosas nuevas que hay a su alrededor. Todas las cosas que ve y los sonidos parece que adquieren de repente mayor importancia. Esta toma de conciencia va asociada con un esfuerzo supremo cognoscitivo plenamente reconocido a los 4 meses.

Muchas veces me han comentado, por ejemplo, que bebés de 4 meses suelen examinar someramente a una hermana de la mamá o a un hermano del papá. Luego de una detenida evaluación, el bebé se pondrá a llorar inconteniblemente cuando este "extraño" familiar lo alce. No dejará de llorar hasta que su madre o su padre lo vuelva a tomar. ¿Es esto "miedo" del bebé? Representa la incipiente percepción de leves pero muy importantes diferencias. Cuando una abuela o un abuelo conocidos lo miran a la cara a esta edad, prorrumpirá en fuertes alaridos de protesta.

En mi consultorio he observado que bebés de 5 meses me sonríen y gorgotean cuando estoy sentado al otro lado de mi escritorio; pero apenas me acerco demasiado o los miro de cerca, se ponen a llorar. En mi concepto, esto parece demostrar que, a los 5 meses, un contacto estrecho y cara a cara es más importante que antes. El pequeño ahora debe reservarlo para personas muy importantes y conocidas como papá y mamá. El "temor" aparece en una época donde la toma de conciencia del niño en cuanto a las diferencias, y a la importancia que éstas revisten, se encuentra en un nuevo punto máximo.

Este primer punto máximo de percepción es seguido por una etapa aún más violenta de ansiedad, causada por extraños a los 5 meses. A esta edad es de esperar que un bebé se muestre cauteloso hacia todos los lugares extraños y hacia la mayoría de la gente extraña. Mientras pueda aferrarse a su madre y ocultar la cara en la ropa de ella, es capaz de manejar una nueva situación. Pero si uno lo retira de los brazos de su madre o se le acerca en forma demasiado repentina, se asustará. El fuerte ruido de una risa súbita o el enfrentamiento directo de un contacto cara a cara en una situación extraña, hacen que estalle en un llanto autoprotector. Esta segunda etapa de temor también marcha paralela a una mayor conciencia de sus alrededores familiares acostumbrados, y va asociada a una nueva habilidad de explorar éstos. El bebé apenas está aprendiendo a gatear, a moverse de un lugar a otro por su propia cuenta, a abandonar la base materna; parece exigir el mismo medio ambiente para esta exploración, y cualquier cambio le resulta demasiado complicado en ese momento. Está aprendiendo cada vez más acerca de la "estabilidad de los objetos". En otras palabras, cuando las cosas o las personas no están a la vista, no han dejado de existir y pueden ser recuperadas. Está empezando a darse cuenta de que puede seguir a su madre cuando ella dobla una esquina. Adquirió un nuevo control sobre el hecho de saber si las personas o cosas conocidas desaparecen o no. Por consiguiente, quiere ejercer ese control en los alrededores y en las personas familiares. Las nuevas situaciones y personas amenazan este control. Harriet Reingold, de Carolina del Norte, indicó que un bebé no se angustiará si se le permite tener tiempo y control para acercarse al extraño por su propia cuenta. Sólo cuando esta oportunidad se ve amenazada por el extraño que se le acerca, se deshace en angustia y miedo. Los grandes progresos en el entendimiento de un niño y en su deseo de mantener el control, crean un desequilibrio y hacen que sea más vulnerable al cambio, al miedo a los extraños y a las situaciones extrañas.

A la edad de un año, estos mismos desequilibrios crean nuevos trastornos. El bebé puede haber estado tranquilo durante unos meses en lo que respecta a extraños y a situaciones extrañas. Pero cuando se pone de pie, está aprendiendo a caminar y está dando vueltas por toda la casa, nuevamente se vuelve sensible y le toma miedo al cambio. Odia que lo lleven a una casa nueva. Se preocupa cuando se le acercan adultos que no sean sus padres. No permite que sus padres se pierdan de vista. Cuando salen de la habitación o le dan la espalda, estalla en llanto. No es de sorprender que su percepción de la "permanencia de las personas" haya aumentado con su nueva movilidad. A esta edad, los "temores" de un niño parecen ser nuevamente cuestión de control. Él quiere ser el que se va; él quiere ser el que se va caminando o vuelve la espalda. Una sensación de control le permite al bebé la posibilidad de elegir: ¿Me iré yo? ¿Dejaré que se vayan mis padres? Perder el control parece constituir una amenaza para su recién adquirida habilidad motriz, e igualmente para la sensibilidad que la acompaña.

Con estas luchas durante el día, se puede esperar que haya trastornos durante la noche. A esta edad el bebé puede despertarse llorando dos o tres veces por noche. De pie en su cuna, apenas medio despierto, solloza como si estuviera aterrorizado por una pesadilla.

Hay buenas razones para que estos períodos en que se despierta de noche se presenten en esta época. Las nuevas actividades del niño conducen a toda suerte de experiencias no resueltas. Las frustraciones que le dejó el día se manifiestan de noche, y los temores son una súplica de ayuda. Los temores nocturnos al fin del primer año son una reacción que puede esperarse frente a la emoción que le produce aprender tantas cosas nuevas.

LA CONFUSIÓN EN EL SEGUNDO AÑO

El siguiente período, donde los temores llegan a su máximo, se presenta a finales del segundo año o en la primera mitad del tercero. Un niño puede asustarse súbitamente con ruidos fuertes —el carro de bomberos, la aspiradora, la lavadora. Una carcajada de un viejo amigo puede producirle un sobresalto. Lanzarlo a una nueva situación con demasiada rapidez puede producir una reacción de miedo en lugar del acostumbrado berrinche. De nuevo, busquemos los mecanismos subyacentes.

La confusión llega a su máximo a la edad de 2 a $2\,^1/_2$ años. Un niño se encuentra atrapado entre sí y no, adentro o afuera, quiero o no quiero. A ninguna de las personas que rodean al niño le importa qué alternativa se elige, pero *a él sí* — y le importa tanto que no puede manejar la confusión. Los ruidos fuertes o los cambios repentinos desatan una súbita percepción de la confusión interior que está experimentando y de su falta de control sobre ella. Llorar en señal de protesta es una manera de lograr apoyo. En esos momentos, las rabietas actúan como una válvula de escape. Un niño abierto y expresivo que ha tenido éxito en manifestarse mediante berrinches, también podría usarlos para manifestar temor. Cuando un niño callado e introvertido busca el respaldo de los adultos, puede exteriorizar el temor de maneras más sutiles. En cualquiera de los casos, los temores constituyen una verdadera sorpresa para los padres. Deben aceptarlos como parte de una nueva fase del desarrollo.

Cuando los temores empiezan a salir a la superficie, los padres deben evaluar la situación y responder en forma apropiada. En el niño extravertido y agresivamente expresivo, los temores pueden encontrar más de una salida, y con toda probabilidad él solo será capaz de manejar su confusión. Por otro lado, si el niño es del tipo callado a quien le resulta difícil expresarse, los temores pueden ser aprovechados por los padres como una oportunidad para empezar a sondearlo, para ayudarlo a que se exprese más abiertamente.

LOS TEMORES Y LA AGRESIÓN

A los 3 $^1/_2$ ó 4 años, los temores van asociados con el inicio de una agresión normal. A esta edad la mayoría de los niños empieza a tener sentimientos de agresión como parte del proceso de crecimiento y de probarse a sí mismos. El psicoanalista Erik Erikson ha descrito la forma como surgen los sentimientos de agresividad a los 4 ó 5 años. Pero, antes de que puedan ser reconocidos y se pueda obrar al respecto, están en ebullición en el interior. Un niño comienza a experimentar sensaciones complicadas cuando ve una pistola de juguete o se imagina a sí mismo usando una. Cuando quiere desfogar su furia en alguien pero no se atreve, no hay muchas maneras de manejar los sentimientos que siguen brotando. Los temores ayudan a mantenerlos bajo control. El maravilloso libro de Selma Fraiberg, *The Magic Years* [Los años mágicos]*, esboza para los padres algunas de las fuentes y la evolución de estos temores en niños de 3 a 6 años. Todos los padres de niños de esta edad deberían leerlo.

Uno de los casos que se me presentó en el ejercicio de la pediatría ilustra este tipo de temor: "Mi niño de 3 $^1/_2$ años repentinamente siente miedo de todo. Le producen miedo los carros de bomberos y los ruidos fuertes. En especial, le tiene miedo a la oscuridad y a acostarse solo. Cuando mi esposo y yo salimos, insiste en saber a

---

* Nueva York: Charles Scribner's Sons, 1959.

dónde vamos, por qué y con quién vamos a estar y quiere que se lo diga una y otra vez. Esto me hace acordar del miedo que yo sentía cuando era adolescente y tenía que ir a un baile o a una fiesta completamente sola. Parece sentirse muy aislado de nosotros. ¿Está el niño bien? ¿Qué he hecho yo para que se intranquilice tanto?".

Mientras la señora Holmes hablaba con angustia, Alfred miraba con seriedad los grandes ojos grises de su madre. Antes de que ella abordara el tema, él había estado jugando ruidosamente y con gran expresividad en mi consultorio, chocando unos camiones con otros y marchando de un lado para otro con una vara de medir sobre un hombro, como si fuera un rifle. Marchaba con precisión casi militar, diciendo "uno, dos uno, dos", en voz tan alta que tuvimos que hacerlo callar. Mientras lo observaba representar este acto de despliegue militar, recordé una conversación que cierta vez tuve con sus padres acerca de armas de fuego para niños pequeños. El señor y la señora Holmes eran pacifistas y no querían que Alfred tuviera armas de fuego o juguetes que simbolizaran agresión. Así que no me era difícil comprender cuán avergonzada estaba ella cuando puso fin al juego de Alfred, y le impidió hacer lo que ella reconoció como un deseo de darse importancia frente a mí. Se disculpó brevemente, diciéndome: "Esto tal vez lo aprendió viendo televisión".

Antes de que exhibiera esta conducta bastante agresiva, recuerdo que Alfred, que es un muchachito vigoroso y ruidoso, gritó "¡Hola, Doc!", cuando me vio y entró corriendo alegremente en mi consultorio para "atacar" el rincón de los juguetes. Su saludo fue tan encantador y abierto, que me resultaba difícil imaginar que Alfred fuera un niño muy intranquilo. Por cierto, la interpretación más crítica que uno podía hacer de su conducta era que por medio de su juego agresivo estaba dando rienda suelta a sus sentimientos respecto a encontrarse en el consultorio de un médico, donde era vulnerable y estaba expuesto al ataque. Sabía muy bien que toda esa aparente bravuconería estaba ocultando la ansiedad que, en tales circunstancias, era lo indicado.

Los exámenes de rutina, cuando no están asociados con vacunas u otros acontecimientos traumáticos, me presentan una buena oportunidad para ver cómo va el niño. Puesto que ir a verme necesariamente tendrá que ser una situación estresante, siempre observo si el niño está tenso o intranquilo cuando llega a mi consultorio, y cómo maneja su preocupación natural por la visita.

Mis pacientes saben que yo los quiero y que tengo un premio para ellos al final de cada visita. Pero también saben que les haré a sus padres preguntas sobre ellos —y a los niños sí les causa inquietud que hablemos de ellos. Por lo general, escuchan con mucha atención lo que sus padres me cuentan. Cualquier cosa "que ande mal" es rápidamente equiparada en sus mentes con ser malo, y si han tenido una enfermedad o un problema físico, lo equiparan con la convicción de que yo los considero malos.

Tengo que tranquilizarlos de vez en cuando y asegurarles que no pienso tal cosa.

También saben que tienen que desvestirse y ser examinados. No es que crean que es doloroso, pero consideran que constituye una intromisión y una invasión de su espacio personal. Además, a esa edad los niños ya tienen miedo de que yo encuentre algo malo que sea necesario "ajustar". Desde luego, asocian la visita a las inyecciones y, obviamente, temen que los lastimen. Por lo general, los niños concentran toda su preocupación en el asunto de las inyecciones e inevitablemente, al entrar en mi consultorio, preguntan: "¿Necesito una inyección?". La medida como se tranquilizan luego de asegurarles que no la necesitan, me da una idea de su nivel general de ansiedad cuando se ven enfrentados a otras clases de situaciones estresantes.

Estaba yo buscando señales de ansiedad en Alfred mientras se desvestía, tratando de ver cuán dependiente era, cuán renuente a alejarse del lado de su madre, y cómo manejaba mis tranquilizadoras palabras con respecto a ser examinado. Nada de esto parecía inquietarlo, y confiadamente me permitió que lo subiera a la mesa de examen. Se acostó tranquilo y se dejó examinar sin pestañear. Aunque le bajé los calzoncillos para examinarle los genitales, parecía sentirse cómodo conmigo.

Por lo que yo veía, Alfred no estaba intranquilo en absoluto. En realidad, parecía sentirse maravillosamente seguro conmigo. Usaba tanto su independencia como su dependencia hacia su madre en forma apropiada. En mi opinión, era un pequeñín desenvuelto y no inusualmente angustiado en absoluto. Por tanto, me era fácil mitigar las preocupaciones de la señora Holmes con respecto a su hijo y tranquilizarla diciéndole que no había nada malo en la forma como lo estaba criando.

Me di cuenta, sin embargo, de que las preguntas que hizo la señora Holmes reflejaban una preocupación por los temores de los niños pequeños, temores que son universales. Para que ella no reforzara los de Alfred, era preciso que entendiera qué se ocultaba tras ellos.

Traté de explicarle que, en mi concepto, los temores de Alfred representaban un período de desarrollo donde estaba aprendiendo rápidamente acerca de sí mismo. Aprendía qué era sentirse agresivo. Este período en la vida de los niños siempre exige un ajuste especial. ¿Cómo aprenderá a controlar su agresividad? Aprender acerca de sí mismo en un tiempo como ése tiene su precio. Cuando los niños toman conciencia de nuevos sentimientos, sufren una especie de desequilibrio en el cual pueden volverse temporalmente hipersensibles a las cosas y a los acontecimientos que ocurren a su alrededor. Es probable que esta mayor sensibilidad surja en forma de miedo o de temores exteriorizados. Éstos son una manifestación de la ansiedad normal que va asociada a la reorganización de las ideas y a la percepción de sentimientos agresivos. Un niño que tiene temor puede considerarse como alguien que está pidiendo ayuda a quienes están a su alrededor —ayuda para ver los límites de los nuevos sentimientos, así como los límites de su propia capacidad para manejar la situación.

Expliqué a la señora Holmes que ésta era la función que estaban cumpliendo los temores de Alfred —le estaban ayudando a aprender a controlar su agresividad. Le aseguré que Alfred era un muchachito abierto que podía burlarse de mí, desfogar sus sentimientos de agresividad jugando con sus juguetes o con sus hermanos, y siendo desobediente con su mamá. Pero el costo emocional necesariamente tenía que ser grande, y era inevitable que se sintiera culpable por ello. Reconocer los sentimientos de culpa y de confusión parece demasiado arriesgado, de modo que los exterioriza mediante sus temores. Su temor le permitía regresar a un estado más impotente, mediante el cual podía lograr la anhelada atención de sus padres. En esta forma, proyectaba todos sus sentimientos agresivos atemorizantes hacia afuera. Luego podría tener miedo de la agresividad de otros que están a su alrededor.

Yo no podía dejar pasar la oportunidad de insistir a la señora Holmes que dejara de controlar la conducta agresiva de Alfred, porque eso estaba reforzando los temores del niño. A esa edad, jugar con palos a la manera de rifles constituye una forma natural de juego agresivo, y estaba seguro de que al prohibirle tales juegos, ella tan sólo lograría encubrir sus sentimientos agresivos. Esto, a su vez, sólo acentuaría sus temores. Le pedí con ahínco que pensara en algún juego agresivo aceptable que el niño pudiera aprender y que cumpliera el mismo propósito que él estaba buscando —aprender acerca de sí mismo. La tranquilicé diciéndole que los temores estaban cumpliendo un importante propósito evolutivo para Alfred.

El peligro está en que un padre podría reaccionar en forma exagerada a tal insinuación. Es probable que los padres crean, al igual que la señora Holmes, que tales temores están reflejando perturbaciones más profundas. Cuando aparecen, la confianza de los padres en el desarrollo saludable de su hijo puede flaquear en el momento cuando más la necesitan. Al dar a los temores más importancia de la que tienen, los padres pueden reforzarlos. Esto es particularmente válido cuando los temores del niño les hacen recordar sus propios temores en el pasado. Siempre que puedan enfrentar los temores con comprensión y explicar la realidad de ellos en forma tranquilizante, el niño puede estar tranquilo. Pero si éste escucha y sin embargo sigue con sus temores, los padres se desaniman y le hacen sentir más miedo al niño. Es importante que, en este punto, los padres se den cuenta de que su responsabilidad no es tanto librar al hijo de su conflicto como ser un refugio para él. El poder mismo de estos temores refleja la importancia de los mecanismos subyacentes.

EL ENFRENTAMIENTO DE LOS TEMORES

Como los padres piensan que los temores de su hijo obedecen a intensos conflictos internos o a presiones, puede suceder que relajen la disciplina. Quizás hagan lo imposible por complacerlo y mimarlo. Esto puede empeorar las cosas. A menos que continúen brindando la seguridad de los límites acostumbrados, el niño podría llegar a tener miedo de sí mismo —de su agresividad, de su comportamiento desenfrenado. Los límites —aunque en ese momento no le gusten— pueden ayudarle a resolver los problemas que son la causa de los temores. Sigue siendo tarea del niño solucionar sus temores, pero le queda más fácil hacerlo si cuenta con el firme y tranquilizante respaldo de sus padres.

Para ayudar a su niño a recuperar la confianza, es posible que los padres consideren que tienen que enfrentar directamente los temores con el niño. Por ejemplo, si a su niña le causan inquietud los perros, tal vez sea necesario hablarle más acerca de ellos. Tal vez hay que decirle que los perros ladran porque quieren decir "Hola" y que también ladran para decir "No se acerque". Los padres podrían decir "Aprendamos juntos todo lo que hay que saber de los perros. Averigüemos qué está tratando de decir un perro. ¿Está moviendo la cola? ¿Será prudente acariciarlo?". Sin embargo, el verdadero problema no es cuestión de cognición. O sea que no es probable que los temores desaparezcan así como así, apenas el niño haya adquirido alguna información sobre el objeto atemorizante. El niño también necesita saber que no hay nada malo en tenerle miedo al ladrido del perro. Necesita saber que puede manejar sus temores.

Después de enfrentar directamente los temores, es necesario que el niño entienda sus sentimientos subyacentes. No es ninguna coincidencia que un niño pequeño empiece a sentir temor cuando hay un nuevo bebé en la casa. Sus sentimientos sobre la competencia del bebé inevitablemente despertarán actitudes airadas y agresivas. Saldrán a la superficie en forma de temores cuando el niño trata de reprimir todos estos sentimientos negativos.

Los sentimientos de Edipo hacia su padre, que un niño necesariamente ha de tener, los sentimientos competitivos hacia su madre, que una niña de 4 ó 5 años experimentará, son demasiado dolorosos para que los enfrenten directamente. En lugar de esto, los niños soñarán que hay monstruos en el armario. Las niñas se despertarán de noche después de soñar con brujas que devoran a pequeñas o se las llevan por el aire, lejos de su familia. De esta manera, los sentimientos de culpa que acompañan los deseos prohibidos tienen una salida. Son proyectados sobre un "monstruo" o una "bruja", de los cuales es posible librarse mediante la protección de los padres.

Los temores y los sueños agresivos son una manifestación de un desarrollo saludable en un niño de 4 a 6 años. Si los padres los respetan y asumen una actitud tranquilizadora y protectora, pueden ayudarle al niño a entender esta fase de desarrollo en su interior. Tratar de reprimir o rescatar al niño de la agresión sería un trágico error. Los adolescentes que exteriorizan sus sentimientos agresivos con demasiada frecuencia han sido reprimidos durante estas primeras etapas de la infancia. Es muchísimo mejor ayudar a un niño a seguir líneas de conducta aceptables para manejar los sentimientos agresivos. "¿Ves cómo se comporta papito cuando está preocupado o enojado? Pelea con todos nosotros, luego sale al jardín a cortar el césped, y después se siente mucho mejor". "Tu mamita simplemente se enoja por dentro, y eso no es tan bueno. Cuando demuestro que estoy enojada y luego me tranquilizo y digo, «Lo siento», no es tan duro para ti, y yo también me siento mucho mejor". Éstas son afirmaciones que podrían dar al niño permiso para identificarse con la forma como la familia maneja el enfado y los sentimientos agresivos. Éstas son edades donde aprender deportes o a manejar sentimientos competitivos puede resultar particularmente productivo.

GUÍAS

Cuando un niño tiene temores, yo recomendaría lo siguiente:

1. Primero, considere los temores como parte de un aumento súbito normal del desarrollo. En un niño mayor, los temores pueden estar asociados con la adaptación a una situación estresante en el colegio o en la casa. O pueden manifestarse en épocas en que el niño esté tratando de enfrentar sentimientos agresivos

o competitivos. Cuando los padres perciben los temores en esta forma, pueden atemorizarse menos por los síntomas del niño, y puede disminuir la angustia que estos síntomas causan.

2. Tranquilice al niño acerca de sí mismo y (más directamente) de los objetos que le producen miedo. Trate de enfrentar los temores en forma honesta y directa, pero no abrigue la esperanza de poder mitigarlos. El objetivo final es lograr un entendimiento más profundo de la razón por la cual podrá estar atemorizado, pero quizá sea difícil hallar las palabras adecuadas para expresarlo. Con frecuencia es mejor expresarlo indirectamente en formas que permitan al niño exteriorizar la agresión o comunicar verbalmente sus angustias y sentimientos competitivos. Puede ayudar muchísimo enseñarle formas aceptables de ser agresivo, y tranquilizarlo al respecto.

3. No relaje la disciplina ni los límites, pero explíquele una vez más, desde el comienzo, la razón de los límites y cómo ayudan a controlar los sentimientos que pueden estar atemorizándolo. Felicítelo abiertamente cuando pueda someterse a estos límites, y sea muy paciente y comprensivo cuando él no pueda. Hágale saber que es un proceso de aprendizaje para el cual se necesita tiempo. A nadie le gusta realmente aprender estos límites.

4. Hágale ver que hay escapes aceptables para los sentimientos negativos o agresivos. Dígale abiertamente

cómo otros miembros de la familia o amigos que él estima manejan sus sentimientos agresivos. Estimúlelo para que practique un deporte y proporciónele otras formas aceptables de expresar las emociones que normalmente forman parte del desarrollo.

5. Ayude al niño a empezar a expresarse y a entender por qué tiene estos sentimientos negativos, agresivos y de rabia. En esta forma, usted establecerá valiosos patrones posteriores, de la adolescencia, etc. Los temores pueden concebirse como una ventana a los inevitables períodos de ajuste por los cuales tienen que pasar todos los niños pequeños.

4

CUANDO UN NIÑO ESTÁ TRISTE

U n niño triste es muy distinto de uno que está llorando.
El llanto es un estado activo y de protesta, mientras que la
tristeza es un estado pasivo, de poca intensidad. El llanto
puede servir para muchos propósitos: enfado, protesta, un
grito para pedir ayuda, o simplemente una forma de
descargar energías al final del día.* Una vez que haya
cesado el llanto y la emergencia haya sido enfrentada,
posiblemente alguien habrá respondido y todos se sentirán
mejor. La vida podrá seguir su curso. No sucede lo mismo
con la tristeza. La tristeza es un estado más prolongado en
el niño. Es probable que él responda a este sentimiento
con poca energía física y pocos cambios corporales. Los
sentimientos de depresión no se manifiestan o no logran

---

* Véase el capítulo sobre el llanto en mi anterior libro *Doctor and Child*
[El médico y el niño].

aliviarse fácilmente. Como estos sentimientos no pueden desaparecer de inmediato, quizá produzcan temor a los padres. Podrían reaccionar en forma exagerada, tratando de sacar al niño de su estado de ánimo, o tratando de no concederle importancia. Lo más probable es que ninguno de estos enfoques funcione más allá de períodos temporales. La tristeza en un niño probablemente representa un verdadero grito en busca de ayuda.

¿Cómo evalúa un padre los períodos de tristeza, y cómo ayuda al niño a salir de ellos? Ante todo, me permito sugerir que se considere el momento en que tienen lugar. ¿Estos períodos se presentan cuando hay razones reales y justificables para la tristeza? ¿Hubo acontecimientos que el niño podría considerar difíciles de entender o enfrentar? Si es así, ya hay una mejor oportunidad para ayudar al niño a reconocer las razones que se ocultan tras su tristeza.

La siguiente pregunta que me permitiría hacer es: "¿Cuán arraigados están estos períodos?". ¿Es imposible entrar en contacto con el niño o él podría alegrarse cuando ocurran hechos interesantes? Si lo primero es cierto, constituye una medida de cuán afectado puede estar. Pero el hecho de que sea posible animarlo o sacarlo de su tristeza no tiene que ser necesariamente una razón para pasar por alto el estado de ánimo, porque bien podría ser una indicación de problemas que merecen atención.

Por último, ¿en qué extensión invade esta tristeza otras áreas de la vida del niño, especialmente sus relaciones con otros? ¿Le impide tener deseo de jugar con sus amigos, o es que éstos lo evitan porque está triste? ¿Siente usted tristeza cuando está junto a él? Todas éstas serían indicaciones del grado de tristeza que lo está afectando a él, y podrían servir de guías para decidir cuánto debe hacerse al respecto.

LA TRISTEZA Y LA PÉRDIDA

La mayoría de las veces la tristeza no es un síntoma serio, ni persistente. Sentir tristeza es una experiencia común en la infancia. Los padres quisieran poder evitarles estos períodos a sus hijos, pero no pueden hacerlo. A los 3 años, un niño ya está en edad de entender y preocuparse por la ausencia de uno de los padres, por la pérdida de una persona importante o de un animal doméstico. La clase de soledad o depresión que sigue a una separación es comparable a la que todos experimentamos de adultos.

Un niño de $3\frac{1}{2}$ años estuvo hace poco en mi consultorio, remolcando su destartalado, pero obviamente muy amado camión, con una cuerda andrajosa. Cuando la cuerda se rompió en el umbral de una puerta, se puso a llorar. Me impresionó la tristeza que había en su llanto. Era muy diferente del grito de protesta que yo podría haber esperado. Lo comenté con su madre, quien estuvo de acuerdo con mi observación. Me explicó: "Danny no ha sido el mismo últimamente. Sus abuelos estuvieron con nosotros durante un mes. Lo pasó tan bien con ellos que cuando se fueron actuó como si su vida ya no tuviera sentido. Varias veces al día iba a buscarlos a la alcoba de ellos, y los llamaba su «mejor familia». Inclusive, cuando se fueron cambió su forma de caminar, y parece haber perdido su alegría y su espíritu. Hago votos porque vuelva a tener una de sus rabietas. Se siente tan desdichado que todo lo mortifica y no quiere luchar contra eso. El gato lo arañó inadvertidamente y lloró tal como lo está haciendo ahora. Esa clase de llanto triste me impresiona, y quisiera llorar con él. Antes, habría perseguido al gato y le hubiera tirado de la cola para desquitarse. ¿Qué puedo hacer por él? Quiero que Danny vuelva a ser como antes. Estoy tan preocupada que ni siquiera me atrevo a hablarle de sus abuelos. Cuando lo hago, simplemente me mira con reproche como si yo les hubiera dicho que se fueran. Claro que no se lo dije. Yo también los echo de menos".

Hablamos de lo bueno que había en todo esto —que Danny hubiera empezado a tomarles tanto cariño a personas que no fueran sus padres, que realmente podía echarlas de menos. ¿Había sufrido él algunas otras pérdidas serias? Su madre recordaba que tenía períodos de tristeza siempre que su padre se iba de viaje de negocios, pero éstos habían pasado cada vez, y su madre tendía a no concederles importancia. Luego recordó que habían perdido a su perro unos meses antes. En vista de que no sabía cómo manejar esa situación, simplemente había confiado en que Danny no lo echara de menos. Consiguieron un gato para reemplazarlo. Danny jamás había mencionado al perro ni preguntado a dónde se había ido. Al comienzo no prestó atención al gato; después empezó a molestarlo y a tirarle de la cola. "Yo lo reprendí por torturarlo, y él se enclaustró en una especie de tristeza. Además de eso", dijo su madre, "está su nueva hermanita. Quizás esté enojado con ella, pero tampoco lo ha demostrado jamás. Parece que la quiere de verdad. Pero estoy bastante ocupada con ella, y tal vez eche de menos el tiempo que pasábamos juntos. En realidad, nunca había pensado en ello; pero sus abuelos sí le dedicaban mucho tiempo cuando yo estaba ocupada con ella. Yo no había atado todos estos cabos, pero, es obvio, Danny tuvo que enfrentar muchas cosas últimamente".

En muy pocos minutos, la señora Gamble había revelado tres razones poderosas por las cuales Danny podría estar triste. La nueva hermanita y la "pérdida" de al menos una parte de su madre eran la primera razón, y muy importante. Los viajes de negocios de su padre le causaban inquietud, pero todo el mundo esperaba que él le hiciera frente a esta situación, y así fue. Luego desapareció su amado perro. El hecho de que ni siquiera pudiera hablar de él o preguntar por él, me daba a entender que había estado reprimiendo preguntas y sentimientos opresivos sobre la pérdida en general. La incapacidad de su madre para ayudarlo a enfrentarlos, había contribuido a que los reprimiera. La visita de los abuelos probablemente los puso de manifiesto, y dio a Danny una especie de permiso para sacar a la luz sus sentimientos de pérdida. La tristeza que manifestó en mi consultorio parecía, en mi concepto y en el de su madre, representar una súplica: que se le diera la oportunidad de hablar sin rodeos y explorar algunas de estas pérdidas. Ella se sentía culpable por no haberlo ayudado a enfrentarlas antes. Yo le manifesté que incluso en el caso de que lo hubiera ayudado a enfrentar cada una más abiertamente, lo habrían afectado. Pero la señora Gamble podía ayudarlo a entenderlas mejor; ella lo veía claramente ahora que tenía la oportunidad de reexaminar estas pérdidas con él, y de hablar de ellas tratando una por una. De esta manera, podía desentrañar todas las razones de su tristeza. Si tenía éxito en su empeño, podría ayudarlo a entenderlas y enfrentarlas. Sobre todo, podía ayudarlo a entender sus propios sentimientos.

La tristeza es un síntoma que no hay que eludir y que no puede evitarse. En mi opinión, una de las cosas más fascinantes acerca de los niños es su prudencia en el uso de sus recursos espirituales. Tienen una asombrosa capacidad para enfrentar y resolver dificultades durante una crisis familiar, y piden muy poco a sus padres cuando la familia atraviesa una situación estresante. Luego, cuando el peligro pasa y los padres se recuperan y tienen suficientes energías, los niños pueden hacer un esfuerzo por recibir la atención que necesitan. La tristeza simplemente constituye un esfuerzo de esta clase. Muchas veces se remonta al origen de una pérdida o experiencia anterior, que fue abrumadora pero entonces reprimida. Cuando sale a la superficie, no es demasiado tarde para rememorarla con el niño, ni para poner en orden las experiencias y volver a vivirlas con él. En esta forma aprende acerca de sí mismo y de su propia capacidad para manejar una experiencia dolorosa. Está aprendiendo para futuras experiencias. Algún tiempo después de una pérdida de esta clase, cuando sea prudente hacerlo, aprende a usar la memoria y a expresarla con palabras. La experiencia de compartir las pérdidas con los padres durante la primera infancia puede proporcionar fortaleza al niño para afrontar las inevitables pérdidas y desengaños que hacen parte de la vida diaria. Cuando se enfrenta abiertamente, la tristeza puede ayudar a las familias a volverse más fuertes y más capaces de manejar los sentimientos dolorosos.

Cuando ocurre una pérdida en la familia, los padres con frecuencia están demasiado absortos en su propio dolor como para consolar al niño. Incluso, la pérdida del perro hizo que los Gambles se aislaran unos de otros. Con una pérdida más significativa, se habrían aislado todavía más, dejando a Danny bastante solo en su dolor. Los padres pueden necesitar tiempo para estar solos con su pena. Un niño es susceptible de identificarse con su dolor y de atemorizarse y quedar abrumado por ese dolor. Sin embargo, podría seguir mostrándose muy contento, usando defensas, como la negación, que le ayudan a salir adelante. Podría seguir jugando normalmente con sus juguetes y sus compañeros. Podría tratar de animar a sus padres. Sus sentimientos podrían surgir luego en forma de pesadillas o tristeza. Esto podría presentarse tanto tiempo después que los padres, ya recuperados, tendrán dificultades para asociar su conducta con el acontecimiento pasado. Pero este síntoma representa el costo de negar el dolor, o de otras defensas similares, cuando los padres están relativamente inaccesibles.

Sería un gran error que los padres se dejaran invadir por sentimientos de culpa cuando esto suceda —cuando la tristeza de su hijo aparezca más tarde y se den cuenta de que él también ha sufrido—, porque entonces podrían desaprovechar la oportunidad que se les presenta. La tristeza es una súplica porque haya comunicación y ayuda. Aprender acerca del dolor, a manejarlo, a acudir a la gente en quien uno confía, es una difícil tarea que cada niño y cada padre tienen que enfrentar. Aprender, incluso en la infancia, que uno puede perder a sus seres queridos, que puede echarlos de menos, que puede quedar abrumado de pena y desolación, pero que luego puede recuperarse, constituye un gran paso.

La señora Gamble estará en condiciones de ofrecer a Danny una oportunidad como ésa. La experiencia de acudir a sus padres y de ser escuchado le enseñará muchísimo. Al mismo tiempo, los padres tendrán la oportunidad de examinar sus arraigadas creencias acerca de la pérdida. Pueden revaluar la forma como ellos mismos afrontan el dolor, y luego compartir estos puntos fuertes con el niño.

BÚSQUEDA DE LAS CAUSAS OCULTAS
TRAS LA TRISTEZA

La tristeza, en ocasiones, no es tanto una respuesta directa a una pérdida como una manera de manejar otras clases de sentimientos. Los sentimientos de ineptitud con frecuencia surgen de esta manera. Si un niño nunca tiene éxito en sus intentos de tratar con su mundo, bien puede deprimirse en su interior y mostrar un semblante triste.

Durante una consulta con su hijo de 4 años, la señora Ransom me preguntó si podía hablarme en privado acerca de su hijo de 9 años. Al final de la consulta con el menor, lo dejé salir para que jugara con los caballitos mecedores que había en la sala de espera. La señora Ransom es una mujer alta y competente; fue maestra de enseñanza primaria, y actualmente asesora a una entidad docente. Dejó la enseñanza para criar a sus cuatro hijos, pero ha podido continuar su trabajo de asesoría con éxito. Siente un merecido orgullo por sus cuatro fabulosos hijos encabezados por Matthew, de 9 años de edad. Cuando ella hablaba, yo percibía una profunda preocupación en su voz. "Está tan triste estos días. Nada parece reanimarlo. Inclusive habla de suicidarse, y eso nos asusta terriblemente. Me acuerdo muy bien de haber tenido sentimientos como ésos cuando era pequeña. Matthew había sido siempre muy alegre y muy competente. Tiene amigos, pero ahora ya no quieren venir a la casa porque él se ve muy deprimido cuando ellos están ahí. Su trabajo escolar y su amor a los deportes se han afectado, y su padre y yo ya no sabemos qué hacer. ¿Puede usted ayudarnos?".

Esto me asustó también a mí, porque no oigo historiasasí con mucha frecuencia. Es de sorprender que no sean más los niños que se depriman, pero ellos rara vez se expresan de esa manera, sino más bien mediante breves ataques de ira. Todos los niños pasan por épocas en las cuales experimentan sentimientos de soledad, decepción, ira o desamparo, que los sumen en la tristeza. Y sospecho que la mayoría de ellos han concebido la idea de que el castigo más eficaz sería quitarse la vida. Sé que de niño varias veces pensé en castigar a mis padres quitándome la vida, por desaires reales o imaginarios. Pero los momentos de tristeza eran pasajeros, y la realidad del suicidio bastante atemorizante. Y sin embargo, recuerdo esos sentimientos, y podía identificarme con la preocupación de la señora Ransom por la depresión continua de Matt. Lo que más me preocupaba era el hecho de que fuese lo suficientemente persistente y profunda como para afectar a sus amistades y a su trabajo escolar. Un período transitorio de compadecerse a sí mismo, en el que les complicara la vida a sus padres, sería cosa común y previsible. Pero cuando un estado de ánimo de esa clase invade sus otras relaciones y obstaculiza su vida entera, representa un problema subyacente más serio. Cuando no estoy seguro de si un niño está o no seriamente afligido, estudio las reacciones de sus compañeros hacia él. Los niños son altamente sensibles a los sentimientos de aflicción de otros niños. Hasta los más pequeños perciben y se asustan con la angustia o tensión profundamente arraigada en un compañero de juego, cuando no pueden hacer nada por ayudarle.

La señora Ransom relató que, al principio, sus amigos se habían preocupado y habían tratado de animarlo. Cuando vieron que no podían, gradualmente comenzaron a alejarse. Sus padres habían tratado de ayudarlo, habían hablado con él para tratar de descubrir el motivo de su tristeza, pero era como chocar con un muro de concreto, y necesitaban ayuda. Ambos sabían que su depresión estaba siendo reforzada por la angustia que él les producía. Concerté una cita para hablar con ambos sobre el muchacho y me las ingenié para hablar con él a solas, con el pretexto de un examen médico anual.

Matthew era un jovencito alto, delgado y bien parecido que siempre, en las pocas veces que lo había visto con ocasión de sus exámenes médicos, había sido simpático, servicial y complaciente. Ahora se mostraba evasivo. Cuando le hice preguntas acerca de sí mismo contestó con monosílabos y con algo de desesperación, lo cual me llevó a hacer un comentario al respecto. Le pregunté si sabía por qué sentía tanta tristeza y desesperanza. Se encogió de hombros. Yo no había encontrado nada físico que explicara su estado de ánimo, y se lo aseguré. Por un momento se animó un poco y dijo:

— Yo sabía que usted no me iba a encontrar nada,

pero mi mamá tenía la esperanza de que tuviera algo de lo cual usted me pudiera curar.

Le dije:

— ¿Y tú no?

Contestó con una mirada bastante agradecida:

— Quisiera que usted pudiera hacer algo para que me sienta mejor.

— Matt, ¿qué te parece si conseguimos un médico que entienda de estas cosas que les pasan a los muchachos, para que hable contigo? ¿Estarías dispuesto a trabajar con él?

— ¿Quiere decir un psiquiatra? ¿Estoy loco? Me he preguntado si lo estoy o no. Siento tristeza a toda hora. En realidad ya nada me importa. Todo el mundo me trata como si estuviera loco, y quizá lo estoy.

El hecho de que un niño de esa edad hable de sus temores respecto de sí mismo con tanta conciencia, era poco común en mi experiencia. Le aseguré que no creía que estuviera loco. También le pude prometer que "el médico que entendía de tales cosas" podía ayudarlo y le ayudaría. Lo deduje por la forma como me estaba rogando que le ayudara. Cuando un niño puede abrirse tan claramente, ya se dio el primer paso, el más importante, hacia la terapia.

Logramos poner a Matthew en manos de un experto psiquiatra infantil, y su terapia ha marchado viento en popa. En nuestra breve entrevista no sólo había lanzado un S.O.S. expresando su tristeza, sino que había demostrado su buena voluntad para buscarle remedio. Matthew era un muchacho extraordinariamente meditabundo y serio, que durante mucho tiempo había ocultado parte de su confusión. Cuando era pequeñito, durante los primeros años de colegio, se había fijado metas demasiado altas. Lo había atormentado el asma cada vez que tenía un resfriado o participaba en juegos agotadores, y siempre solía considerar que esto era un fracaso o que él era malo. A causa de una ligera incapacidad de aprendizaje que surgió en el segundo y en el tercer año de primaria, había empezado a fracasar en sus intentos por lograr buenos resultados en el colegio. También se culpó a sí mismo de este fracaso. Su padre y sus hermanos también eran personas de metas ambiciosas, y el hecho de estar rodeado por ellos creaba todavía más presiones inevitables a este muchacho sensible y de buenos sentimientos. Estas presiones interiores y exteriores, consideradas por Matthew como fracasos, fueron acumulándose para crear en él los síntomas de tristeza. La tristeza podía verse como algo que encubría su decepción de sí mismo. Por fortuna, sus padres podían entender esto y ayudarle. La terapia ayudó a todos a tomar una mayor conciencia de estos patrones y a hacerles frente en forma más abierta y eficaz. Un año después, Matthew era un muchacho diferente y feliz.

El caso de Matthew da varios indicios a padres que están preocupados por un síntoma así en un niño. Primero, su edad era sumamente importante. A los 9 años, un muchacho tan popular y exitoso como él debiera sentirse satisfecho de sí mismo. A esa edad los compañeros constituyen una parte crítica de la imagen que uno tiene de sí mismo. El hecho de que Matt derivara poca satisfacción de sí mismo mostraba cuán arraigada estaba su tristeza. El hecho de que sus padres no hubieran podido ayudarlo aunque lo intentaron, era una evidencia más de cuán preocupado estaba por su estado de ánimo. La duración de su tristeza era otra señal. Sin embargo, el factor más importante de todos, y el que lo llevó a tener éxito en su terapia, era la certeza de que necesitaba ayuda. El hecho de que podía acudir a mí en busca de ayuda cuando le di la oportunidad en mi consultorio, fue una verdadera señal de cuán fuerte y vital era este muchacho, a pesar de sus sentimientos de ineptitud. El caso de Matt ciertamente destaca cuán importante es que los padres y los médicos tomen en serio las preocupaciones particulares de un niño.

GUÍAS

1. Tome al niño en serio. Tratar de sacar a un niño de un estado de tristeza a la fuerza o mediante bromas es denigrante para él. A menos que él esté usando abiertamente su tristeza para irritar a los demás o para llamar la atención innecesariamente, hay que respetarla como un importante indicio. Muchas veces, al tomar en serio este estado, un padre puede ayudar a su hijo a entenderlo también.

2. Cuando se presente la tristeza, observe. ¿Surge en

momentos inapropiados o con mucha frecuencia durante el día? Cuando el niño está triste ¿deja de jugar con sus compañeros? Si responde con tristeza luego de una reprimenda o una frustración, es fácil ver esto como algo apropiado y no necesariamente serio. Si responde a cada frustración insignificante con tristeza, un padre debe empezar a darse cuenta de que es un niño más sensible de lo necesario y debe prestar mucha atención a sus sentimientos. Cuando la tristeza también invade sus experiencias alegres, cosa que sería mucho más seria, es tiempo de tomar sus síntomas todavía más en serio.

3. Procure ahondar en el síntoma para entender sus causas. Si, entendiéndolo usted mismo como padre, puede descubrir un conjunto de razones obvias y críticas, es probable que usted pueda ayudarlo a que él mismo las entienda. Si existen razones más sutiles y más arraigadas, que usted como padre no puede entender, es probable que usted y su hijo necesiten una evaluación y ayuda externas.

4. De todos modos, un niño que está triste necesita saber que usted está ahí y que lo quiere. Procure fijar un tiempo que puedan pasar juntos y estimule una estrecha relación. Tal como he mencionado en capítulos anteriores, siempre aconsejo a los padres que reserven una hora especial para un niño como éste, al menos una vez por semana. Este tiempo no debe compartirse con

nadie más, sino que debe dedicarse exclusivamente a él. Hablar el resto de la semana sobre el tiempo que habrán de compartir hace que esto se convierta en un símbolo de la intimidad que usted y su hijo quieren alcanzar. No es muy probable que el niño pueda o quiera revelar algún secreto que guarda cuidadosamente, mientras sus sentimientos de tristeza sean fuertes. Quizá ni siquiera sea aconsejable presionarlo para que baje la guardia hasta tal punto. Pero el valor simbólico de decir "Yo estoy aquí para ti y estoy tratando de entenderte porque te quiero", es muy poderoso.

5. Comprenda que muchos sentimientos básicos para la personalidad de un niño —de pérdida, de soledad, de ineptitud, de enojo, de depresión— pueden manifestarse en forma de tristeza. La tarea de los padres puede ser la de revaluar la vida diaria del niño con el ánimo de tratar de entender lo que es abrumador. La tristeza debe percibirse como un grito en busca de socorro y valorarse como una oportunidad para ayudar al niño. Aunque para la mayoría de los niños la infancia no es el estado totalmente regocijado y despreocupado que se pretende que sea, debe resultar una época donde el placer de aprender acerca de sí mismo y del mundo que lo rodea pese más que las situaciones estresantes. Gran parte de la infancia debe estar llena de alegría.

5

EL ACTO DE CHUPARSE EL DEDO Y LOS OBJETOS PREFERIDOS: PASOS HACIA LA INDEPENDENCIA

Nuestra sociedad exige a un bebé una gran cantidad de independencia, y esta presión comienza al nacer. En otras culturas, es probable que la madre o un substituto carguen al pequeño de un lado para otro, y que duerman con él de noche. Apenas se despierta, sus períodos de actividad se satisfacen con una alimentación, muy frecuentemente con el pecho materno. Después de alimentarlo, se le brinda la oportunidad de mirar a su alrededor o de escuchar a quienes constantemente están a su lado. Por lo general lo llevan alzado o fajado, con el cuerpo y los miembros restringidos e inactivos. Nunca lo dejan llorar o hallar formas de consolarse a sí mismo, o de encontrar patrones que le permitan permanecer callado para que mire a su alrededor o escuche. Todas sus necesidades son satisfechas y no se espera que sea independiente.

Las metas de nuestra sociedad son diferentes. Los padres de un bebé ya saben que cuando éste da sus primeros pasos, tendrá que aprender a ser independiente para hacerles frente a sus compañeritos agresivos en un grupo de juego. A la edad de 3 ó 4 años tendrá que adaptarse a la profesora de un jardín infantil (o inclusive a un padre) que quiere que se trepe al deslizador más alto o que recite el alfabeto. En el primer año de primaria tendrá que ingeniárselas para reprimir su entusiasmo natural y el gozo de jugar activamente, y permanecer sentado sin moverse, junto con otros niños de 6 años, puestos en filas silenciosas alrededor de una profesora fatigada. Esto es necesario para iniciar el largo proceso de aprendizaje que implican las complejas habilidades que exige nuestra sociedad. *Debe* estar preparado, y todos los padres lo saben. Puede que estemos desorientados en cuanto a la mayoría de las metas que fijamos para nuestros hijos, pero no así en un área: *sabemos* que los estamos programando para un logro intelectual de alto nivel. En nuestra sociedad actual, los que no están preparados pueden convertirse en fracasados a la edad de 3 ó 4 años.

¡Qué carga de responsabilidad tan terrible significa esta meta para los padres jóvenes! Los obliga a ir en busca de medios y arbitrios para programar a sus bebés con una estimulación precoz, de juguetes que cuanto antes inculquen al pequeño patrones de aprendizaje. Y, en respuesta a todas estas presiones, la criatura humana es asombrosamente capaz de someterse. Puede ser moldeada para caminar a los 9 meses, puede recitar listas de números a la edad de 2 años, leer palabras a los 3, y escribir frases en letras de molde a los 4. E inclusive, puede aprender a manejar las presiones donde se fundamentan estas expectativas. Pero los niños de nuestra cultura necesitan a alguien que esté dispuesto a lanzar un grito de protesta: "¿A qué precio?".

Los bebés, los niños e incluso los adultos, llevan incorporado un sistema de realimentación que los recompensa cada vez que logran una tarea nueva, se dan cuenta de que la han logrado, y dicen para sí: "¡Lo logré!". Esta realimentación, que Piaget llama "consciencia de la maestría" y que Robert White denominó un "sentido de la competencia", aguijonea al niño para que se esfuerce por obtener el siguiente logro. Proporciona un conocimiento consciente de haber dominado cada paso y de estar preparado para seguir progresando con base en dicho conocimiento. Esto se pone de manifiesto en bebés de 4 ó 5 meses cuando los toman de los brazos y los hacen poner de pie por primera vez. Cuando logran quedar en pie, derechos en ambas piernas, la carita se les ilumina como si quisieran decir: "¡Soy yo; estoy de pie!". Y en ese momento, el objetivo de pararse quedó establecido.

Cuando esta fuerza interior que impulsa al niño a aprender va acompañada de un apoyo del medio ambiente, queda establecido el poderoso proceso de presiones y recompensas que estimula todo aprendizaje. Los bebés responden a estas presiones con toda la capacidad que poseen, y luego son recompensados por cada éxito. Por tanto, un pequeño que está aprendiendo nuevas y emocionantes tareas de ningún modo es un niño que sufre privaciones. Pero puede estar estableciendo patrones que le resultarán costosos, y posiblemente tenga que aprender la forma de contrarrestar las presiones internas y externas con las cuales está aprendiendo a vivir.

LA CALMA Y EL CONSUELO

Debemos considerar la dependencia hacia un "entretenedor": un animal de peluche, una manta de protección o un chupete, como formas de compensación. Resulta difícil concebir cómo un bebé, o un niño pequeño, puede seguir encarando su mundo con éxito a menos que aprenda técnicas para consolarse, para tranquilizarse, para romper el círculo impulsor de la actividad y de la excitante maestría donde lo estamos sumiendo en nuestra sociedad. Observe cómo un recién nacido se lleva la mano a la boca para tranquilizarse con el propósito de mirar a su alrededor y escuchar. Para bebés mayores y niños pequeños, son necesarias otras "muletas". Debemos concebirlas como una parte importante del ciclo en el cual el niño va progresando hasta llegar al punto máximo de excitación que nosotros proporcionamos y fomentamos, para luego volver a un período más tranquilo y autosuficiente de descanso y recuperación.

Considere, por ejemplo, un recién nacido que duerme plácidamente en su cuna. Cuando empieza a despertar, se sobresalta y agita los brazos frente a sí mismo. Con el primer sobresalto se despierta un poco, luego se tranquiliza nuevamente, aunque el sueño sea menos profundo. Después del siguiente sobresalto comienza a moverse en su nido de cobijas, retorciéndose en forma un poco más activa. Cuando se mueve, parpadea de manera casi imperceptible y parece que quisiera tratar de abrir los ojos para mirar a su alrededor. Por último, uno de sus movimientos le hace dar un salto en su cuna, lanzando los brazos hacia adelante y extendiendo las piernas en un reflejo que llamamos reflejo de Moro. Esto lo asusta y se pone a llorar. Cuando está llorando, bien podría activar otros sobresaltos y una mayor actividad, entremezclados con breves lloriqueos. Luego, cuando uno lo mira, trata de lograr el dominio de sí mismo. A medida que va progresando hacia un estado activo, hace esfuerzos por mover la cabeza a un lado y activar lo que llamamos un reflejo cuello-tónico, similar a una postura de esgrima. El brazo se le extiende y el cuerpo se le arquea en dirección opuesta al brazo. Cuando se le extiende el brazo, lo ajusta y tiende a llevarse esa mano a la boca. Hace reiterados esfuerzos por poner el puño junto a la mejilla derecha. Cuando sus esfuerzos tienen éxito y se toca la boca con la mano, sus movimientos cesan. Abre los ojos y mira muy contento a su alrededor. Cuando logra llevar la mano a la boca y consigue atrapar el pulgar para chuparlo, puede permanecer acostado tranquilamente durante largos períodos, mirando a su alrededor, escuchando sonidos.

Esto representa un patrón de conducta de autodominio que está incorporado en el ser humano recién nacido. Lo utiliza para aprender acerca de las cosas que ve y de los sonidos que oye en su nuevo mundo cuando se encuentra a solas. En la actividad sabemos que un feto puede llevarse la mano a la boca, e inclusive sospechamos que esto puede servir a un propósito en el útero, pues es un patrón definido y establecido al nacer. Si el propósito consolador de la conducta de chupar es en un bebé tan distinto e independiente de la alimentación como parece, merece un nuevo respeto por parte de los adultos que están a su alrededor.

Una vez observamos a un feto de 5 meses que se movía en el vientre de su madre. Pudimos ver su imagen en el Hospital para Mujeres de Boston, con ayuda de la nueva técnica de ultrasonido que ahora se está empleando en forma rutinaria para el diagnóstico intrauterino de defectos. Cuando se estaba moviendo, vimos cómo llevaba la mano a la boca, la inspeccionaba, desdoblaba un diminuto dedo y se ponía a chuparlo. A duras penas podía yo ver el dedo, pero sí sus movimientos al chuparlo. Cuando comenzó a chupar se calmó, para nuestro gran asombro y deleite de su madre, quien dijo: "¡Ahora a veces está tan activo que me produce verdadero alivio ver que sabe cómo calmarse!". Nos contó que tenía un niño mayor hiperactivo que había tenido problemas con el auto-dominio, y le horrorizaba la idea de tener otro bebé difícil. Ver que él era capaz de calmarse le daba más coraje para enfrentarse con el nuevo bebé. El hecho de chu-parse el dedo ya estaba cumpliendo un buen propósito para ambos.

Esta madre puso de manifiesto uno de los usos más importantes que el chupar dedo tiene para un bebé: mantener el dominio de sí mismo en tiempos difíciles. En la sala de recién nacidos, a veces veo bebés que son exage-radamente sensibles a los estímulos que hay a su alrededor, y reaccionan ante el más leve ruido o movimiento con un sobresalto repentino, e inmediatamente se ponen a llorar. Esta hipersensibilidad puede convertirse más tarde en un problema. Es probable que la reacción excesiva lleve a largos períodos de llanto incontrolable a comienzos de la infancia. Los bebés hipersensibles dan qué hacer a sus padres, pues quizá suelan llorar inconsolablemente durante largo rato, en los primeros meses. Al concluir el tercer mes, cuando tal vez su llanto sea más moderado, comienzan a recurrir a una actividad bastante constante como sobrerreacción a estos mismos acontecimientos de su medio ambiente. A medida que un bebé de esta clase va creciendo, existe la posibilidad de que siga siendo un niño fácil de distraer y a quien le resulte difícil concentrarse en una tarea siempre que se presente un nuevo estímulo. A menudo podemos predecir esta característica en un bebé, y hace poco le estuve recomendando encarecidamente a la madre de uno de ellos que le enseñe a su hijo a chupar dedo. Una vez que domine su propia conducta de llevar la mano a la boca, ella puede ayudarlo a aprender la forma de asir el pulgar. Apenas pueda hacerlo, su actividad disminuirá y será capaz de dominarse a sí mismo. Mientras el pulgar esté firmemente en su lugar, puede empezar a prestar atención a las cosas que están a su alrededor, sin encolerizarse. Cuando pierde el pulgar, probablemente empiece de nuevo su actividad. Los padres de un bebé activo y sensible suelen considerar que chuparse el dedo es su maniobra calmante más importante. Un niño muy activo que reacciona en forma excesiva necesita un recurso así para calmarse, más que la mayoría de los niños.

LAS PREOCUPACIONES DE LOS PADRES

En nuestra cultura, chupar dedo o depender de una manta o de un objeto consolador como un osito de peluche, se considera un mal hábito. Los padres cuyo hijo de 1 ó 2 años depende de chupar dedo para calmarse, hablan de ello como si fuera una señal de perturbación: "¿Qué puedo hacer para que deje de chupar dedo?" o "¿Cuándo le puedo quitar la manta?".

Les he preguntado a las madres por qué piensan que deben intervenir. Perplejas ante una pregunta así, contestan: "Da la impresión de que yo no soy una buena madre. Y suponga que él siga necesitando su manta cuando vaya al colegio. Será el hazmerreír de sus amigos". Cuando tengo la certeza de que el niño no huye de los acontecimientos ni se esconde tras su "adicción" para escapar de la gente que hay a su alrededor, puedo tranquilizar a la madre y asegurarle que este hábito no es anormal. Puesto que muchos niños perturbados o encerrados en sí mismos sí se ocultan tras su pulgar para escapar del abrumador mundo que los rodea, tal asociación con una perturbación les ha creado a estos hábitos mala reputación. Si un niño emplea su osito de peluche para que le ayude a adaptarse al mundo, no hay que considerar que tiene problemas.

Casi todos los niños de nuestra cultura necesitan una muleta que los ayude a arreglárselas. Nos estamos presionando para alcanzar metas ambiciosas, y con esto también estamos empujando a nuestros hijos. Los bebés y los niños son asombrosamente competentes. Responden a la presión. Sus logros les producen emoción y los estimulan. Corresponden a las expectativas con alegría. La competencia genera su propia energía y empiezan a exigirse muchísimo ellos mismos. A finales del primer año, su deseo de lograr un buen desempeño iguala al de sus padres.

La necesidad de tales patrones de autoconsolación, como chupar dedo y abrazarse a un osito de peluche, se pone en evidencia cuando uno observa la forma como los emplean los niños pequeños. Cuando están cansados, y sin embargo algo les impide detenerse, recurren a patrones de conducta de autoconsolación que les son familiares, para tranquilizarse.

Cuando la preciosa Sarah, con los ojos bien abiertos jugaba en mi consultorio, literalmente saltaba de alegría cada vez que descubría y exploraba un nuevo juguete. Daba chillidos a la par con la sirena del carro de bomberos, y empujaba los pedales del caballo balancín. Aunque ya conocía juguetes de esa clase y, por tanto, podría haberse aburrido, estaba contenta. Compensó el interés de su madre en hablar conmigo generando su propio alboroto en el rincón de los juguetes de mi consultorio. De vez en cuando nos traía juguetes a su madre y a mí para que les diéramos nuestra aprobación, pero al mismo tiempo respetaba la necesidad que su madre tenía de conversar conmigo. Daba gusto ver a esa niña encantadora jugando llena de entusiasmo. Después de algún tiempo se le empezó a agotar la energía y recurrió al pulgar. Sentada en el piso, explorando un rompecabezas con la mano derecha, se chupaba en forma rutinaria el pulgar izquierdo. Estaba claro que se le habían agotado las reservas y teníamos que prestarle atención. Cuando nos volvimos hacia ella, de inmediato dejó de chuparse el dedo y su semblante se iluminó de alegría. Se había reanimado y estaba lista para reanudar el juego.

Cuando llegó el momento de examinar a Sarah, su madre fue a alzarla. Sarah evaluó la situación y se volvió a acostar en el piso como si quisiera protestar. Su madre le dijo: "¡Sarah, basta! Tú sabes que el doctor quiere verte.

Ven, siéntate en mi regazo". Obediente, Sarah permitió que la alzara y dejó los brazos y las piernas colgando lánguidamente. Mientras su madre la desvestía en su regazo, tenía el rostro inexpresivo y volvió a meter en la boca el pulgar izquierdo. Cuando su madre le quitaba una prenda, Sarah la observaba como si estuviera renunciando a otra capa de defensa. El pulgar permanecía en su lugar. Cuando su madre estaba a punto de quitarle la última prenda, le dije: "Puede dejarle puestos los calzones". Sarah me miró con gratitud, como si quisiera darme las gracias por esta pizca de reconocimiento de su penosa situación. Cuando me acerqué para arrodillarme a los pies de su madre, con mi estetoscopio y demás instrumentos en la mano, también traje su mugroso, maloliente y adorado conejito de peluche. Lo sujetó con la mano derecha, chupando fuertemente su pulgar. Me permitió que la examinara tanto a ella como a su adorado conejito, sin protesta alguna. Al comienzo, el pulgar seguía en la boca, pero lo fue sacando gradualmente a medida que crecía su interés en el examen médico. En ese punto me hizo partícipe de su juego, entregándome su conejito para que lo examinara. Inclusive me sonrió cuando le dije: "Pero tu conejito no sabe abrir la boca. ¿Le puedes mostrar cómo se hace?". Al rato volvió a meter el pulgar en la boca. Esta breve pero importante forma de recuperarse y reanimarse parecía ser tan importante para ella que me sorprendió que su madre dijera: "¡Vea, otra vez el dedo en la boca! ¿Qué puedo hacer para que deje esa costumbre?".

El uso eficiente que Sarah hacía de su pulgar no sólo era comprensible, sino además ingenioso, y sugería aptitud en lugar de debilidad. Cuando estaba abrumada por una situación desconocida, podía manejarla si se le permitía usar esta muleta. Cuando empezaba a chuparse el dedo, los ojos se le ponían ligeramente vidriosos mientras recobraba sus fuerzas. Entonces estaba lista para enfrentar lo que se le presentara. La muleta se convertía en un puente que le permitía pasar a la siguiente situación difícil. ¡Una extraordinaria combinación de inmadurez y aptitud!

CHUPAR: UNA NECESIDAD UNIVERSAL

Como la necesidad que tiene un niño de recurrir a tal muleta parecía producir a sus padres sentimientos de culpa, me preguntaba cuál sería la mejor forma de explicar su función. Hace muchos años, con el ánimo de establecer algunas normas en mi propia mente, estudié a un grupo de bebés que parecían estar bien adaptados y cuyos padres, obviamente, los amaban. Si yo podía determinar que todos estos bebés saludables tenían el hábito de chuparse el pulgar, podía tranquilizar a los preocupados padres. Los bebés que estudié no eran objeto de descuido o maltrato, ni sus padres los estaban presionando en forma inusitada. Les pedí a 80 padres que registraran diariamente cuánto tiempo y en qué circunstancias los bebés recurrían a chuparse el dedo. Ese estudio me enseñó muchísimo.

Ante todo, casi todos los bebés tenían algún patrón para recurrir a alguna parte de su cuerpo, o a un objeto especial. Los bebés que eran amamantados y vivían satisfechos chupaban más que los bebés alimentados con biberón. Yo me preguntaba por qué, y las madres me lo dijeron: "Parece que le encanta chupar, y aunque yo la deje chupar durante casi una hora, después de darle de comer suele seguir chupándose el dedo. Es como si quisiera dos cosas: poder dejar el pecho cuando está satisfecha y seguir disfrutando del placer de chupar. Si siguiera mamando, quedaría demasiado llena. Cuando usaba el dedo, muchas veces se sentía más a gusto".

Descubrí que el hábito de chuparse el dedo comenzaba en el período de recién nacido y estaba reservado para períodos de transición —al dormirse, al despertarse, al descansar durante una sesión de juego emocionante o al dejar de comer después de quedar saciado. Más tarde, el niño pequeño lo empleaba cuando se alborotaba excesivamente y necesitaba tranquilizarse. Parecía ser la forma como un niño pequeño se adapta a las numerosas exigencias de su mundo. La frecuencia y duración de esta dependencia podían durar hasta cuatro horas al día a la edad de 7 meses (véase la figura 1). Luego empezaba a disminuir tanto en frecuencia como en intensidad. Cuando los bebés estaban aprendiendo una nueva habilidad, como alargar la mano para alcanzar algo, sentarse, gatear o caminar, aumentaba durante el período de aprendizaje frustrado. Pero cuando por fin lograban dar el nuevo paso, el hábito comenzaba a disminuir. Después de empezar a gatear, disminuía de modo estable durante el resto del primer año. Observé que eran muy pocos los niños que se chupaban el dedo a la edad de 5 ó 6 años, excepto en situaciones realmente estresantes o en períodos de transición. Ellos no seguían aferrados a un patrón "inmaduro" de dependencia, a menos que sus padres hubieran tratado de prohibírselo anteriormente. Si los padres habían intervenido tratando de impedir estos patrones, su desaprobación parecía reforzar la necesidad del niño de recurrir a este hábito de seguridad. Cuando persistía a pesar de los esfuerzos de los padres, parecía que esto obedeciera al hecho de que era una muleta importante para el niño. En todo caso, parecía un error tratar de privarlo de ella en la infancia.

El hábito de chuparse el dedo es una conducta natural e inclusive deseable para el niño en ciertos momentos de su jornada. Por ejemplo, cuando está cansado, aburrido o se siente frustrado, el niño ingenioso suele recurrir a una conducta de consuelo y autocontrol, como la de chuparse el dedo. Con esto como muleta, puede abstraerse de su mundo estimulante y excitante con el ánimo de reorganizarse. Puede vegetar, recobrar fuerzas y prepararse para la siguiente interacción emocionante con el mundo. Durante un período de frustración producido por estar aprendiendo una nueva tarea o por estar afrontando una nueva exigencia del mundo que lo rodea, puede recuperarse por su propia cuenta y recobrar fuerzas para intentar de nuevo. Mientras el hábito de chuparse el dedo no consuma una parte excesiva de la vida de un niño, o se convierta en la forma de alejarse de toda clase de presiones, los padres no tienen por qué preocuparse. Apenas puedo entender por qué chuparse el dedo adquirió tan mala imagen y hubo una época cuando los padres trataban de prohibirlo, reforzándolo así como un hábito. Ahora que los padres dejaron de preocuparse tanto, o de intervenir tanto, son pocos los niños que lo usan como hábito después de los 5 ó 6 años de edad. Incluso los dentistas ahora son menos severos al respecto; están dispuestos a asumir una actitud más razonable, y adoptaron el concepto de que cualquier daño a la estructura bucal que ocurra antes de los 5 años puede remediarse más tarde, y que tal vez la psique no pueda ser ajustada con tanta facilidad. Como norma, yo esperaría que se chupara muchísimo el dedo en el primer año; esperaría menos en el activo segundo año, y todavía menos después del tercero y cuarto año, de modo que el niño recurrirá a ese hábito tan sólo cuando esté cansado, triste o aburrido. Este patrón podría continuar hasta el sexto o el séptimo año. Sin embargo, si el hábito de chuparse el dedo y el ensimismamiento ocurren con demasiada frecuencia y se emplean como escudo, llegan a convertirse en una señal de advertencia de que el niño está triste.

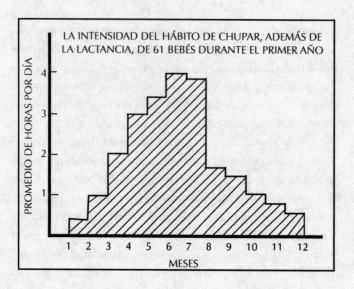

LA INTENSIDAD DEL HÁBITO DE CHUPAR, ADEMÁS DE LA LACTANCIA, DE 61 BEBÉS DURANTE EL PRIMER AÑO

LOS CHUPETES Y LOS OBJETOS PREFERIDOS

Muchos padres prefieren los chupetes a los dedos. Es probable que los chupetes cumplan el mismo propósito, y puedan emplearse casi en la misma forma. Me inclino a favor de chuparse el dedo porque ahí está el equipo completo, y el niño dispone de él cuando lo desee. En los primeros años de aprendizaje, tal vez otra persona le proporcione el chupete cuando lo considere conveniente. Es cierto que más tarde el padre o la madre puede atar el chupete a la muñeca del bebé o con una cinta a su cama, para que pueda encontrarlo más fácilmente por sí solo. Esto debe hacerse cuando ya se ha convertido en la forma como el bebé se consuela a sí mismo. Pero con esto el bebé continúa a merced de la voluntad ajena. De modo que, si todo lo demás es igual, prefiero los dedos para esta importante muleta. Pero las cosas no siempre son iguales, y muchos bebés activos y nerviosos no pueden encontrar sus dedos para chupar. Para ellos y sus padres, un chupete constituye un regalo del cielo —una forma como el bebé puede excluir toda la actividad motriz perturbadora que interfiere y no le permite calmarse lo suficiente como para tener éxito con sus padres, y con quienes están a su alrededor. Pero recuerde: si se ha convertido en su muleta, no sería justo quitársela cuando usted decida que ya ha tenido suficiente. Porque, como en el caso de chuparse el dedo, necesitará su muleta en el segundo y en el tercer año, lo mismo que durante la infancia. Quitársela antes de que pueda encariñarse con otro objeto sería cruel. Descubrí que, al tercer año, un niño puede ser "seducido" para que acepte un oso de peluche o una muñeca como objeto preferido, pero hay que reemplazárselo lentamente y al ritmo del niño, ¡no al de los padres!

Sugiero que durante algún tiempo aten el chupete al nuevo objeto y que preparen al niño para el reemplazo definitivo. Después de hablar de esto, de ponerse de acuerdo al respecto, y *después* de que el niño haya cumplido los 3 años, usualmente la muñeca, o el animal de peluche, puede ocupar el lugar del adorado chupete. En todo caso, tenga usted cuidado: una eliminación repentina, además de ser injusta, es imprudente; podría precipitar una ansiedad que el niño no será capaz de manejar. Es indispensable que el bebé cuente con el chupete cuando lo necesite y durante el tiempo que lo necesite.

Para ayudarlo a aprender a usarlo en los momentos y en el lugar apropiados, un padre o una madre puede limitar el chupete o el objeto preferido a su cuarto o a su cama después de los 3 años. Si les prometen su muleta para más tarde, la mayoría de los niños aceptan esperar hasta el momento de acostarse o la hora de descanso. Si el niño está sometido a un estrés particular, como cuando va de viaje o a donde el médico, ciertamente hay que permitirle llevar su chupete o su objeto preferido.

¡BIENVENIDOS LOS OBJETOS PREFERIDOS!

Pensar que un niño tiene tantos recursos y le sobra el amor suficiente como para invertirlo en una muñeca, un osito de peluche o una manta, me llena de esperanzas sobre él y sobre su futura capacidad de amar a los demás y amar las cosas. Cuando hago visitas a domicilio, me gusta encontrar un animal de peluche sucio, maloliente y estropeado en el que el niño, es evidente, ha vertido su amor repetida y largamente.

Cuando fui a ver a Mark, un niño de 3 años, en el apartamento de sus padres situado no lejos de mi consultorio, lo encontré abatido, aferrándose a su madre. Sospeché que tenía dolor de oído. Aunque nos habíamos hecho amigos en mi consultorio durante su último examen médico, no era el mismo muchachito plácido que conocí en aquella ocasión. Cuando me acercaba o lo miraba, daba alaridos y ocultaba el rostro en el regazo de su madre. Sospeché que íbamos a tener dificultades para examinarlo, a menos que pudiera ayudarlo a dominar el temor.

Busqué un osito de felpa, y encontré uno bien sucio y andrajoso en un rincón. Había comenzado a perder su relleno y había perdido uno de los ojos, que tenían forma de abalorio. Cuando lo levanté del suelo, vi con el rabillo del ojo que Mark estaba observándome muy atentamente. Gritó: "¡No! ¡No!", como si este juguete bastante lastimoso fuera una parte de sí mismo, a la cual yo me estaba acercando. Su madre lo tranquilizó; yo le dije: "Mark, ¿puedo alzar a tu amigo y llevártelo? Está muy triste porque estás enfermo, y le gustaría consolarte. ¿Quieres tenerlo?". Mark estrechó cuidadosamente al animal contra su pecho. Yo sabía que había encontrado el juguete indicado para tender un puente entre nosotros. Mientras su madre lo tenía en brazos, él sostenía a su osito para que yo lo examinara.

Primero me acerqué al osito con mi estetoscopio, y se lo coloqué suave y brevemente; luego lo probé en el pecho de la madre de Mark; éste lo apartó con brusquedad de ella. Hice varios intentos con el juguete y con su madre antes de que la respiración fatigosa de Mark y la ansiedad de sus ojos comenzaran a calmarse. Por fin, con palabras tranquilizadoras, pude colocarle el estetoscopio en el pecho, haciéndolo parte de una tríada. No tardé en completar un satisfactorio reconocimiento del pecho, el abdomen, el cuello y, finalmente, los oídos de Mark, usando su osito como demostración de lo que yo haría, cuando él lo miraba. Aunque este examen duró unos cuantos minutos más, no sólo pude examinar a un niño tranquilo, sino también conquistar la confianza de Mark. Cuando iba a revisarle la garganta, que era el último examen, dirigí mi luz a la boca del osito, y le dije al niño: "Mark, él no sabe cómo abrir la boca y sacar la lengua. ¿Podrías mostrarle cómo se hace?". Mark, obedientemente, abrió la boca. Le pedí a su madre que le mostrara cómo sacar su lengua con la boca bien abierta. El niño la observó y la imitó con éxito. Habíamos concluido un examen completo sin derramar una sola lágrima, gracias a su adorado "osito".

Cuando un niño está enfermo, puede usar su animalito preferido para adaptarse al hecho de que está triste y enfermo. Yo lo empleo siempre que hay necesidad de hospitalizar a un niño y dejarlo en un ambiente extraño y poco acogedor, porque sé que con un objeto de su predilección, un niño sufrirá menos. ¿Será conveniente fomentar esto? Yo creo que sí. Pero si usted decide hacerlo, recuerde que no puede fomentar una relación de esta índole si rodea al bebé con muchos juguetes en su cuna. Por consiguiente, le aconsejaría encarecidamente que usted y su bebé lleguen cuanto antes a un acuerdo sobre cuál de sus juguetes será su preferido cuando vaya a acostarse, cuando necesite estar solo, cuando necesite encontrar su propio consuelo o compañero y no haya ningún otro. Y si la sociedad comienza a asediarlo a él y a su preferido con su inevitable e insensata desaprobación, hay muchas maneras de protegerlos tanto a él como al objeto de su predilección. Si se trata de una manta y ésta es demasiado grande y está demasiado sucia, córtela en dos, y lave una mitad a la vez. Si se trata de un osito de felpa y se está deshaciendo, remiéndelo. Si está relleno de paja, o de pelo, y el niño es alérgico a ese material, usted puede rellenarlo con espuma de caucho. En otras palabras, le aconsejaría con insistencia que respetara su caso de amor y su necesidad de dependencia de esta extensión de sí mismo, durante el tiempo que lo necesite. A los 6 ó 7 años, la mayoría de los niños ha comenzado a reemplazar estas necesidades por relaciones con otros niños y juguetes que son más interesantes. ¡Pero qué agradable resulta tener un objeto amado al cual ofrecer parte de uno mismo!

Si un pulgar o un objeto amado pueden ayudar a un niño a madurar, me parece obvio que los consideremos como un tesoro. A medida que los niños maduran, otros amores e intereses los reemplazarán, pero la sensación interior de competencia que habrán aprendido a desarrollar mediante tales patrones autodependientes en la primera infancia, les prestará valiosos servicios.

GUÍAS

He aquí algunas sugerencias que podrían ayudar a los padres a tolerar estas "adicciones" de sus hijos:

1. Planee con anticipación la selección de un objeto preferido, o de una muleta que usted pueda tolerar más tarde. Que sea un objeto que no le moleste tener a la vista durante los primeros años, porque una vez que su hijo se haya encariñado con él, no debe quitárselo.

2. No dé a su bebé un biberón lleno de leche en la cama. En la actualidad sabemos que un bebé puede arruinar sus futuros dientes si durante toda la noche tiene leche en la boca. Los dientes permanentes de un niño de 6 años estarán descoloridos y llenos de caries porque se le ha dado un biberón con leche en la cama durante sus primeros años. Si necesita un biberón como objeto preferido, asegúrese de que sea uno con agua. Si no, déle alguna otra clase de objeto —un juguete o una cobija— o permítale usar el pulgar.

3. Los bebés tienden a encariñarse con un trozo de tela o con una manta cuando los acuestan en sus cunas para que duerman o descansen. Proporciónele una que usted pueda lavar y cortar en pedazos pequeños. Si la manta es muy grande, la arrastrará por el piso y la ensuciará. Si usted la corta en trozos más pequeños, el niño la

podrá amar el tiempo suficiente para estar seguro de que esté impregnada de todos los olores predilectos de los que él depende, pero de vez en cuando puede lavarse parte de la manta sin que toda ella pierda su familiaridad.

4. Si como padre usted prefiere que su hijo dependa de un objeto o de un juguete aceptable al ir creciendo, entrégueselo como algo especial desde un principio. Un solo juguete es más importante que una cama llena de ellos. Aunque un niño pequeño pueda dar la impresión de encariñarse con un montón de juguetes, uno de ellos llegará a ser más significativo si se lo pone aparte como "el" preferido. Una muñeca puede ser algo fabuloso, pero más vale que usted se acostumbre a la idea de que también la amará cuando esté andrajosa y sucia. El juguete más sucio, más maloliente y más desaliñado representa su objeto más amado. Uno debe respetar la importancia de este amigo y tratar al objeto preferido como una extensión del niño.

5. Si la necesidad de reemplazar un biberón por un objeto más "maduro" se presenta cuando el niño es pequeño, busque uno que el niño pueda conservar durante muchos años. Primero, empiece a hablar de él y realce el significado que tiene para el niño. Todas las noches ate el nuevo juguete al biberón y mencione que "algún día" lo llevará a la cama en lugar del biberón. Entre tanto, en vista de que están atados el uno al otro, el niño puede

desplazar al nuevo la lealtad que tiene por los olores del antiguo objeto. Después de la presentación de éste y de haber discutido el asunto hasta cierto punto, será posible renunciar al biberón en favor del nuevo objeto.

6

EL ESPACIAMIENTO
DE LOS HIJOS

Junto con la floreciente relación amorosa con el primer hijo surge la pregunta: "¿Debo tener otro hijo?". Luego de la adaptación inicial al primer bebé, y una vez transcurridos los primeros meses de cólicos, los nuevos padres empiezan a experimentar la euforia de estar enamorados. Cada vez que miran a su bebé de 4 meses, éste les sonríe con adoración. Cualquier vocalización de los padres produce un suspiro o un "uh" como respuesta. El bebé se retuerce de emoción cuando se esfuerza por comunicarse con los embelesados padres. Pocos momentos de la vida producen tanto placer como estos minutos de comunicación recíproca con un bebé alerta que emite sus primeros sonidos. Un padre se siente competente y dueño del mundo.

Sin embargo, resulta difícil estar perdidamente enamorado sin el persistente temor de que tarde o temprano el amor va a llegar a su fin. En nuestra sociedad calvinista, estamos saturados de la presciencia de que tarde o temprano tenemos que pagar nuestras bendiciones. La angustia con que los padres enfrentan el problema de renunciar a la relación amorosa con su primer hijo para compartirla con un segundo bebé, es asombrosamente dolorosa. En vista de la creciente presión ejercida sobre los padres para que limiten su familia, existe un sentimiento paralelo de que un hijo único puede ser "malcriado" o puede "sufrir". En la actualidad, los padres consideran que un hijo único se sentiría demasiado solo si ambos están trabajando. Creen que deben tener un segundo hijo para darle al primero un amigo y un pariente cercano. De modo que muchas familias hoy día tienden a fijarse como meta una familia de dos hijos. Las mujeres que interrumpen su carrera para tener su familia piensan que no deben tardar mucho en tener su segundo hijo, de modo que puedan "regresar al trabajo". Otra razón inconsciente que domina el razonamiento de los padres es más sutil. Puesto que el primer bebé ha creado un triángulo, y cada uno de los padres lo quiere, tienden a creer que con dos bebés habría la oportunidad de que cada padre tuviera un hijo para él solo. Así que la idea de tener dos hijos seguidos para completar la familia, es muy común. El hecho de que esto se presente durante el primer año de felicidad con el primer hijo no es una simple coincidencia.

TERMINACIÓN DE LA LUNA DE MIEL

En mi consultorio, sé por experiencia que puedo esperar una pregunta acerca de cuándo espaciar los hijos en determinadas épocas durante el desarrollo del primogénito. Estas épocas están relacionadas con los arrebatos de independencia del primogénito. La joven madre de un bebé de 5 meses suele preguntar: "Ahora que Jean está creciendo, ¿cuándo debo encargar otro bebé?". La renuencia a dejar a Jean está implícita en la palabra "debo", como si se tratara de una especie de penitencia por sentir un cariño tan especial por Jean. El momento cuando se hace esta pregunta parece poco lógico si uno mira a Jean. Ella es una masa redonda y suave de pliegues y hoyuelos. Acostada en la mesa de exámenes, mira cuidadosamente alrededor del cuarto, y su carita se pone seria cuando inspecciona cada nuevo objeto. Cada minuto o dos vuelve la mirada hacia su madre o su padre, que están apoyados en la mesa junto a ella, conversando conmigo. Cuando los mira, ellos le devuelven la mirada para tranquilizarla. Su carita se arruga, sus ojos se enternecen y les lanza una mirada de gratitud, y mueve suavemente las piernas y los brazos cuando les da las gracias con todo su cuerpecito. Esto sólo dura unos cuantos segundos. Reanuda su tarea de procesar la información sobre tan extraño lugar. Ellos regresan a su tarea de comunicarse conmigo. Pero en ese instante presencio un ejemplo de la profundidad de la unión que existe entre ellos. Cada cual se siente invadido por una oleada de amor, y cada cual siente profundamente la importancia de la presencia del otro. El bebé expresa con los ojos: "¡Ustedes son mi principal apoyo, y puedo arriesgarme a estar aquí en este lugar tan extraño y emocionante, porque puedo buscarlos con los ojos y ustedes estarán ahí!". Los padres tienen entonces la oportunidad de sentir la profundidad de su propia importancia para este nuevo individuo.

Al parecer, no es asombroso que en ese instante uno de los padres haya preguntado: "¿Qué tal le parece la idea de tener otro bebé?", o que la madre de Jean, que le da el pecho a su hija, preguntara: "¿Cuándo debo dejar de amamantarla?". Si analizo cualquiera de estas preguntas con ellos, se pondrá en evidencia que todavía no quieren tener otro bebé, y la madre de Jean tampoco quiere dejar de amamantarla. Pero estas preguntas evitan que se encariñen demasiado y ayudan a equilibrar la floreciente unión. Y Jean misma comenzó a atenuarla. Interrumpe la lactancia una y otra vez para mirar a su alrededor, para escuchar cuando una puerta se cierra en el cuarto contiguo, para hacerle gorgoteos a su madre, para sonreírle alegremente a su padre que está en el otro extremo del cuarto. Para su madre, éstas son señales de que Jean ya no la necesita tanto. Para Jean, representan un arranque en su desarrollo cognoscitivo, el ímpetu de un nuevo interés por el mundo que la rodea y la conciencia que ha tomado de él. En cierta forma, representan el comienzo de la independencia. Para sus padres parecen ser una advertencia del futuro, cuando Jean ciertamente se independizará de ellos.

Es importante reconocer todos estos sentimientos antes de planificar otro bebé. A una madre, en especial, le resulta muy difícil contemplar la separación del primer bebé. He visto a madres prorrumpir en llanto en mi consultorio cuando me contaban que estaban embarazadas por segunda vez. La perspectiva de "abandonar" al primogénito por el segundo hijo reviste gran importancia y puede ser deprimente tener que enfrentar la posibilidad de atenuar la intensidad de esta relación. Por tanto, les recomiendo encarecidamente a los padres que reserven el primer año para el primogénito, de modo que pueda ser completamente suyo y lo disfruten a cabalidad. Inclusive compartirlo con un feto puede invadir la total alegría de esa relación.

LOS BEBÉS MUY SEGUIDOS

Las madres que amamantan a sus hijos corren un riesgo especialmente grande de concebir el siguiente hijo sin darse cuenta. He visto muchos casos de segundo embarazo inesperado que se inició en este período, porque la madre creía que estaba protegida por la lactancia y no podía predecir el momento en que estaba ovulando, puesto que sus períodos no se habían reanudado.

Si usted no tiene cuidado, puede dar comienzo a un segundo bebé antes de estar preparada para renunciar al primero. Tener dos hijos tan seguidos como 10-18 meses es comparable a tener gemelos desiguales, e inclusive los llaman "gemelos irlandeses". Desde luego, es posible criarlos con éxito, y en ocasiones hasta puede ser divertido; pero es un trabajo arduo mientras están pequeños. Tener dos individuos dependientes de diferente edad es agotador, tanto física como emocionalmente. El riesgo para los bebés es que una madre físicamente agotada les dé el mismo trato. Tenderá, o bien a tratarlos como si fueran bebés de la misma edad, o bien a presionar al bebé ligeramente mayor para que crezca demasiado rápido. Cuando éste opone resistencia, actuando de la misma manera que el bebé, la madre, de manera inconsciente, se irrita por las exigencias que pesan sobre ella, y presiona al mayor para que asuma una responsabilidad más grande que la que está preparado para asumir. Cuando por último van creciendo y se vuelven menos absorbentes, es más fácil clasificarlos como individuos. Y terminarán por ser muy unidos por la poca diferencia de edad.

Si los padres tienen la posibilidad de planificar una familia, deben hacerlo de acuerdo con su energía y su paciencia. Sus propias razones para apresurarse o demorarse en espaciar los hijos posiblemente sean las mejores guías que puedan seguir. Una madre que quiere tener su familia rápidamente para regresar al mercado laboral, podría resentirse por el hecho de tener que quedarse en casa durante demasiados años y podría, de manera indirecta, desahogar el resentimiento en su familia. Un padre que considera que necesita tiempo entre uno y otro hijo con el fin de ahorrar para el futuro, podría decir que sólo es capaz de asimilar un hijo y una responsabilidad a la vez. Para la mayoría de las familias el problema es que no pueden prever y planear con anticipación para acomodarse a sus niveles de energía y fuerza.

EN ESPERA DE LA INDEPENDENCIA

Si usted puede darse cuenta de que, en realidad, ha estado totalmente entregada a su primogénito y que éste va camino de la independencia, será más fácil compartirlo con el siguiente bebé. La independencia del segundo año del niño facilita más pensar en dedicarle atención a un nuevo hijo. Como es inevitable, el nuevo bebé exigirá tiempo y energía emocional. Del mismo modo inevitable, una madre empujará al mayor a crecer rápidamente cuando llega el nuevo bebé. En las culturas del Tercer Mundo, por lo general hay un ritual asociado con dejar de amamantar al niño mayor cuando la madre está esperando otro bebé. En forma abierta, ella pasará la responsabilidad del niño mayor a algún otro miembro de la familia —la abuela, una tía o un hermano mayor. Repetirá una y otra vez de manera ritual: "Ahora debo volverte las espaldas para poder dedicarme al nuevo bebé". Aunque generalmente esto no se hace en forma cruel, he visto la angustia que la madre oculta cuando renuncia a su hijo. Pero ella sabe que debe forzarse a "volver la espalda", o no contará con la energía necesaria para criar un nuevo hijo.

Cuando el pequeño alcanza la independencia del segundo año, necesita tiempo para estudiar sus posibilidades. ¿En realidad quiere ser independiente? ¿Pretende decir "no" cuando lo asevera tan enérgicamente, o en realidad quería decir "sí"? Luego de una violenta rabieta que lo deja exhausto, necesita de un padre o una madre que lo ayude a descubrir la razón de ésta, que lo ayude a entender sus propios límites. ¿Qué otra persona podría darle nuevas energías para que continúe en la búsqueda de los límites y las fuerzas que lo ayudarán a llegar a ser una persona independiente? Si una madre no puede estar disponible en ese momento y no puede percibir esta lucha por la independencia como algo crítico y a la vez emocionante, tanto ella como el bebé se sentirán frustrados durante todo el segundo año. Si la madre está demasiado exhausta por el cuidado que exige un segundo bebé, puede perder su sentido del humor y de la perspectiva sobre este significativo período de aprendizaje y ensayo. Entonces, idealmente, una madre podría planificar la llegada del segundo hijo después de haber podido solucionar parte de la confusión del segundo año.

Los padres que esperan dos o tres años entre uno y otro hijo tal vez se pregunten si la diferencia de edad entre los niños será demasiado grande como para que ellos sean amigos cuando vayan creciendo. ¿Podrán contar el uno con el otro? Mi experiencia me ha llevado al convencimiento de que si los padres pueden disfrutar el espaciamiento de los hijos, éstos, como resultado, serán mejores amigos. Si a los padres les causan estrés los niños que se llevan poca edad, éstos pasarán la mayor parte de su infancia rivalizando entre sí. Las rivalidades entre hermanos siempre van dirigidas a los padres. Los niños, inevitablemente, tienden a tener rivalidades, y si los padres no se involucran resolverán sus sentimientos competitivos por su propia cuenta. Si la rivalidad entre los hermanos hace que los padres crean que no han sido padres adecuados para cada hijo, *entonces* los sentimientos de rivalidad se van reforzando y pueden pesar más que los sentimientos más positivos que existen entre hermanos. Ésta es otra razón para planificar los hijos de acuerdo con la energía que los padres necesitan. Un espaciamiento de 2 a 3 años, con frecuencia se ajusta a las necesidades de energía. A la edad de 2 ó 3 años, la mayoría de los niños son, esencialmente, independientes. Su movilidad está consolidada, su juego es rico y puede ser independiente, deben haber establecido hábitos independientes de alimentación y sueño, y muchos de ellos están en camino de entender las ventajas de usar el retrete.

Además, a la edad de 2 años los niños están listos para el juego colectivo con otros de su misma edad. Un grupo de compañeritos de la misma edad puede ser el punto culminante de la semana de un niño. El aprendizaje que tiene lugar cuando juegan unos con otros, la oportunidad que ofrece un pequeño grupo de juego para que los niños descarguen energías y concilien actitudes oposicionistas, demuestra el maravilloso hecho de que los niños de esa edad siempre están dispuestos a ayudarse entre sí. Esto significa que una madre puede formar grupos regulares de juego con otras madres, o puede estar tranquila con respecto a matricular a su pequeño en una guardería o en un grupo de juego —*por su propio bien*—, y, en esa forma, puede dedicarse a su nuevo bebé. Espaciar los niños con 2 ó 3 años de diferencia puede simplificar las cosas y ser productivo para todos los miembros de la familia.

LA EXPERIENCIA DE LA CRIANZA

Los padres que optan por espaciar los hijos con más de tres años de diferencia pueden encontrar muchos beneficios. A la edad de 4 ó 5 años, un niño está realmente preparado para participar en el cuidado de un nuevo bebé. Puede sentir que el bebé le pertenece. Puede aprender a alimentarlo, a tenerlo en brazos, a mecerlo, a cambiarle los pañales, a consolarlo, a jugar con él. Una vez que se haya recuperado de la desilusión inicial de que el nuevo bebé no es de su misma edad y de que no puede medirse con él en cuanto a los juegos que ha planeado, puede comenzar a participar con sus padres en el juego de aprender todo lo referente al nuevo bebé y a observar cómo éste logra cada nueva etapa evolutiva. El otro día, el pequeño Leslie de 5 años irrumpió en mi consultorio, y me dijo: "¡Doctor B., tiene que ver cómo camina mi bebé! ¡Ya no se cae!". Habiendo dicho esto, corrió rápidamente hacia su hermano de 11 meses y le extendió las manos. Su hermano era todo sonrisas por esta atención dispensada por su héroe. Con gratitud y avidez se aferró de las manos de Leslie para ponerse en pie. A duras penas en condiciones de mantenerse en equilibrio, se agarró fuertemente de los brazos extendidos de su hermano para tambalearse a través del cuarto. Cuando Leslie caminaba hacia atrás conduciendo a su hermanito de las manos, se rió alegremente y exclamó: "¡Mire! ¡Mire! ¿No es cierto que él es magnífico?". Cuando yo observaba este elegante ejemplo de un niño mayor que no sólo le enseñaba a caminar al bebé sino que además le transmitía la emoción de aprender, dije para mis adentros: "¡Qué afortunado es un niño menor cuando tiene una oportunidad así para aprender acerca de la alegría de vivir!". Leslie y su hermano no sólo están adquiriendo el uno del otro habilidades de aprendizaje; además, están aprendiendo qué significa depender profundamente el uno del otro.

A los 4 ó 5 años, un niño por naturaleza está preparado para cuidar a un ser humano menor y enseñarle. Margaret Mead me dijo que una de las privaciones más serias de nuestra cultura es que los niños que se hallan en este grupo de 4 a 7 años de edad tienen muy pocas oportunidades de cuidar niños menores. Indicó que en la mayoría de las culturas de todo el mundo se espera que los hermanos mayores se responsabilicen de los más pequeños. De este modo descubren los componentes de la crianza y se preparan para ser padres cuando les llegue el momento. Un espacio de varios años entre los hijos proporciona automáticamente al hijo mayor este tipo de experiencia. Y para el menor, la oportunidad de aprender de un hermano mayor es un verdadero privilegio. Nuestro último hijo adquirió la mayoría de sus habilidades y ha aprendido la mayoría de sus valores mediante la esmerada y paciente enseñanza de sus hermanas mayores. Su ansiedad por aprender de ellas se basaba en una especie de ciega adoración, cosa distinta de lo que siente un bebé cuando los padres tratan de enseñarle las mismas tareas. Siempre me ha impresionado la expresión de impaciencia y ansiedad con que un bebé o niño pequeño mira a un niño mayor. Y me asombro del aprendizaje imitativo que tiene lugar cuando un hermano mayor se detiene brevemente a enseñarle a un niño pequeño una nueva habilidad.

HAY QUE APRENDER A COMPARTIR

Aprender a compartir puede ser el aspecto más difícil del crecimiento en una familia. Pero también es la cosa más importante que se puede aprender en la infancia, porque compartir significa aprender a entender los sentimientos de otra persona. Siempre que se me presenta el caso de un pequeño que les tira del pelo a los otros o los muerde, les recomiendo a sus padres con insistencia que busquen otro niñito que también tire del pelo o muerda y los dejen juntos. El uno atacará al otro; el que es atacado quedará completamente conmocionado, y mostrará que de repente se está dando cuenta de que siente dolor cuando alguien le hace estas cosas. Jamás lo volverá a hacer. Ésta puede ser la primera lección gráfica de lo que significa ejercer una acción en otra persona. Aprender a compartir puede ser doloroso, pero gratificador.

Los padres tienen su propio problema con el asunto de compartir. Cuando acarician la idea de tener otro bebé, son pocos los que se sienten realmente capaces de cuidar a más de un niño. Y esta sensación de incapacidad puede transmitírsela al primogénito como un temor de que no van a tener tiempo para él. Tener más de un hijo, ciertamente, exige que los padres se propongan repartir su atención. Reservar un tiempo especial para el hijo mayor llega a ser tan importante como atender al bebé.

Cuando usted esté esperando otro bebé, prepare al hijo mayor para la separación y luego para los cambios en su relación. Déjelo aprender a colaborar y a identificarse con usted como una persona responsable del cuidado del nuevo bebé. En lugar de apartarlo bruscamente "para proteger al nuevo bebé", permítale que aprenda a ser tierno y dulce, a alzarlo, a mecerlo y a alimentarlo. Así tendrá la sensación de que el bebé también es de él.

Una vez que el nuevo bebé esté en casa, y sean muchas las cosas que exijan la atención y la energía de usted, asegúrese de reservar un tiempo especial para pasarlo *exclusivamente* con el o los niños mayores, sin que el nuevo bebé esté cerca. Cada uno de los niños mayores merece que los padres le dediquen un breve período de tiempo protegido. La cantidad de tiempo no importa, pero sí su calidad. Una hora a la semana para cada niño con cada uno de los padres puede hacer maravillas para mantener buenas relaciones con sus hijos. Debe usted reservarla *únicamente* para ese niño, y éste debe tener la libertad de aprovecharla como le parezca. Y debe comentarle durante el resto de la semana: "Aunque no tengo tiempo, sí pasaremos nuestro rato juntos más tarde. Y es el tiempo que pasaré contigo (sin el bebé), porque tú eres mi primer bebé y sigo queriéndote". O el padre podría comentar: "Me gustaría poder quedarme en casa contigo, pero tú sabes que tengo que ir a trabajar. Pero pasaremos algún tiempo juntos —nuestro tiempo— durante la semana, cuando tú y yo podamos hacer *nuestras* cosas. Esto es porque eres mi niño (o niña) y quisiera poder estar contigo durante toda la semana". Los tiempos especiales pueden ser breves, pero su calidad consolida una familia.

Cuando uno está planeando tener una familia grande, el espaciamiento llega a ser todavía más importante. Para mí no hay duda acerca de que los niños mayores son de gran valor para los más pequeños. El tercer o cuarto hijo ocupa, casi inevitablemente, una posición más ventajosa porque cuenta con el amortiguamiento de la experiencia de los padres, y con el apoyo y la enseñanza que le brindan los hermanos mayores. En la actualidad, una familia grande es cada vez menos común, y con razón, pero los niños de familias pequeñas probablemente están perdiendo algo. En una familia grande, los niños mayores tienen la oportunidad de criar y de observar a los padres cuando crían a sus hermanos y hermanas menores. Numerosos estudios muestran que criar al propio hijo es significativamente más fácil para los padres que proceden de familias grandes y que han compartido la experiencia de criar a hermanos menores. Las madres que han visto a sus propias madres amamantando a un nuevo bebé en la familia son casi universalmente exitosas amamantando a los suyos. Pero tener demasiados niños pequeños y exigentes podría ser una pesadilla. Espaciar los niños por lo menos dos años, pero preferentemente de tres a cinco años, puede dar por resultado que criar a una familia grande sea más divertido.

¿Y qué hay de las madres que pasan de los 35 años y consideran que su tiempo para tener hijos es limitado? ¿Deben apresurarse a tener sus hijos tan seguidos como sea posible? Yo ciertamente diría que no. Una madre mayor encontrará que cada bebé es absorbente, agotador y peculiarmente placentero. Tal vez sea todavía más importante que un padre o una madre de mayor edad disfrute cada bebé al máximo, puesto que el trabajo físico necesita recompensas.

Espaciar los hijos debe ser una decisión egoísta, con tanta consideración como sea posible para las propias energías disponibles y necesidades.

GUÍAS

1. No permita que sus problemas personales relacionados con la separación del hijo mayor le impidan percibir la soledad del niño.

2. Prepare al hijo mayor para la separación cuando usted se ausente para tener un nuevo bebé. Puede ser importante elegir el momento más propicio para hacerlo: demasiado pronto puede ser frustrante, pero es importante hablar de ello abiertamente, antes de que usted tenga que irse.

3. Cuando regrese a casa, llévele un objeto especial al hijo mayor para que juegue, y para que él la imite a usted cuando atiende a su bebé.

4. Cree oportunidades especiales para que el niño mayor alce y cuide al nuevo bebé.

5. Reserve momentos especiales para estar con el niño mayor, y planéelos sin el nuevo bebé.

6. Hable de estos momentos especiales en todas las demás ocasiones para lograr que simbolicen cuánto echa usted de menos esa íntima relación anterior.

7. Cuando los padres no se estresan demasiado por rivalidades entre los hermanos, es más fácil para el niño expresar sus sentimientos.

8. Prepárese para las regresiones en el desarrollo que probablemente se presenten en el niño mayor, por ejemplo, una actitud negativa más pronunciada y pataletas, reaparición de la enuresis, hablar o querer ser tratado como un bebé, etc. Por lo general, el niño mayor suele retroceder en las áreas que acaba de dominar, pero la regresión puede ser menos obvia y menos específica. El papel de los padres es apoyar al niño, y no castigarlo ni mostrarse decepcionados. Si esta regresión persiste durante mucho tiempo, los padres pueden comenzar a explicársela al niño como una muestra de cuánto se está identificando con el nuevo bebé. Proporcionarle un entendimiento de sí mismo puede ser terapéutico.

9. En verdad, vale la pena que se preste especial atención a la necesidad de desahogarse que tiene el niño mayor. En el segundo y tercer año, un pequeño puede solucionar muchos de los problemas que tiene en casa participando en un grupo de juego con sus compañeritos. La actitud negativa que es natural en el segundo año puede encontrar salida en el juego imitativo con otros niños negativos de 2 años.

10. Todas estas guías señalan la importancia de decidir cuándo tener un segundo hijo de acuerdo con la habilidad de los padres para encontrar la energía emocional

y la energía física necesarias para atender al otro niño. Si están felices con el espaciamiento, el otro niño se ajustará a cualquier configuración.

SEGUNDA PARTE

PROBLEMAS COMUNES

7

LA DISCIPLINA

La tarea de disciplinar a un niño pequeño es una de las más difíciles, pero al mismo tiempo constituye una de las responsabilidades más importantes de la paternidad. En el decenio de los años 50, una época donde había mucha permisividad, los padres trataron de librarse de esta tarea. Argumentaron que cada niño debía explorar su propia individualidad y encontrar sus propias limitaciones. Los padres pensaron que eliminando los límites dejaban al niño en libertad de explorarse libremente a sí mismo y a su mundo. Cuando esto originó problemas, le echaron la culpa al doctor Spock. Pero él fue sólo el chivo expiatorio, puesto que jamás recomendó tal permisividad.

Recuerdo el pavor de atender una invitación a cenar durante los años 50. Uno se preparaba para resistir la noche con los hijos de los amigos. A medida que pasaban las horas, unos niños cansados y con los ojos desorbitados solían pasar por encima de los muebles, de la mesa del comedor y de los adultos que estaban de visita. Como si estuvieran suplicando que alguien les dijera, "¡Basta ya! Vayan a acostarse", se tiraban al suelo a dar alaridos en medio de una pataleta. Era terrible estar con los brazos cruzados y ver cómo se desmoronaban. Uno sentía un deseo apremiante de detenerlos, de decir "no", y de actuar en forma disciplinaria. Cuando prácticamente suplicaban que los detuvieran, el conflicto de sus padres era cada vez mayor. "¿Debemos o no debemos decirles que no?" "¿Debemos acostarlos, o no? Parece muy egoísta pedirles que se despidan de la visita sólo porque queremos que se vayan". Este conflicto de los padres no les producía, por cierto, ningún provecho a los niños, puesto que cada vez se alteraban más. Sus esfuerzos por comunicar su necesidad de control paterno y materno eran cada vez más insistentes.

Desde entonces hemos aprendido que muchos de estos niños de los años 50 se sentían "desamparados" cuando eran pequeños. A muchos de ellos les he oído decir en mi consultorio que anhelaban la firmeza paterna en cambio de lo que sentían que estaban recibiendo —desaprobación paterna, tácita y tensa. Estoy seguro de que sus padres no se habrían confesado culpables de tales sentimientos, pero estoy convencido de que los niños tenían la razón. Nadie podía quedarse con los brazos cruzados y ver cómo un niño atormentaba a sus padres pidiendo disciplina sin que tuviera una reacción de desaprobación. Tales niños fueron tildados de "malcriados" o "angustiados" por todos los que estaban a su alrededor, y su comportamiento indisciplinado fue objeto de desaprobación por parte de sus profesores y compañeros. Esta conducta no fue reconocida por lo que representaba —una angustiada búsqueda de límites. Un niño malcriado es un niño angustiado —que busca alivio en su propia toma de decisiones.

EL NIÑO EN BUSCA DE LÍMITES

De los años 50 a hoy, cuando estos mismos niños se han vuelto padres, ha habido un feliz viraje contra esta clase de permisividad. Se ha reconocido qué era: una abdicación de la responsabilidad paterna más que el enfoque orientado hacia el niño, como entonces se decía. Hemos comenzado a reconocer que los niños pequeños buscan los límites de su comportamiento. Cuando empiezan a tener la sensación de que están perdiendo el control, o cuando no saben cómo refrenarse, se dedican a atormentar y a irritar a los adultos que están a su alrededor. Aprendiendo de los adultos lo que es aceptable y lo que no lo es, aprendiendo de un adulto comprensivo pero firme cómo lograr el dominio de un ego que se está desintegrando, un niño puede empezar a aprender a imponerse límites a sí mismo. La disciplina es, por tanto, un papel propio de los padres. Puede ser dolorosa, porque a menudo es necesaria cuando los padres perciben la angustia del niño. Pero el alivio que un niño pequeño muestra cuando se tranquiliza después de su propia protesta vigorosa, asegura a los padres que van por el camino correcto.

Emily es una niñita bastante robusta de 2 años, de cabellos y ojos castaños. Había sido un bebé tranquilo, y sus padres nada sospechaban pues el primer año de comunicación había sido maravilloso. Cuando ellos sonreían, Emily sonreía. Cuando Emily se reía alegremente, ellos se reían alegremente. Emily era encantadora, y ellos estaban encantados. Emily tenía otra cualidad: estaba ansiosa por complacerlos. De modo que se deleitaban en su mutua admiración y con la maravillosa relación amorosa del primer año. Ser padres les parecía algo tan fácil que ya estaban planeando un segundo bebé, cuando los sorprendió el segundo año de Emily y su actitud negativa. Llegó a ser tan enérgica en sus reacciones negativas y en sus estados de ánimo como lo había sido en sus intentos por complacer. Emily se convirtió en una personita tan imprevisible para su madre, quien se había deleitado con su carácter previsible del primer año. Habiendo parecido tan fácil de manejar en el primer año, Emily se transformó en una niñita terca y resuelta. Cuando la reprimían, se tiraba al piso a gritar; cuando su madre trataba de hacerla comer, arrojaba la comida al suelo; cuando trataba de acostarla, encontraba una excusa tras otra para posponer la hora de dormir. Sus padres estaban conmocionados y abrumados. La señora Abt me preguntó qué era lo que había hecho ella mal para convertir a su maravillosa Emily

en semejante monstruo. Pensaba que ya no podía salir con
Emily por temor a las pataletas, que, al parecer, las dejaba
para un lugar público.

Los Abts estaban agobiados por este cambio repentino en la conducta de Emily, y estaban furiosos tanto con
la pequeña como con ellos mismos. Se sentían responsables
de su conducta, pero eran incapaces de controlarla. Como
resultado, pasaban la mayor parte del día evitando un
enfrentamiento. Le hacían a Emily peticiones en forma
tentativa: ¿Quieres acostarte? ¿Quieres sentarte en tu silla?
Luego de unas cuantas peticiones de tanteo, siempre
parecía quedar trastornada. Cuando acudieron a mí,
estaban desesperados. Emily parecía estar encargada de
la casa. Tenía dominada la vida de sus padres. Los
despertaba por la mañana y no los dejaba dormir de noche.
No comía a la hora en que debía comer, pero quería
golosinas entre comidas. Nunca le gustaba lo que le daban,
pero los llevaba de un lado para otro en la cocina, buscando
"algo que le gustara". Lloraba tanto cuando ellos querían
salir de noche que nunca se atrevían a dejarla. A su padre
literalmente le daba pánico la idea de regresar a la casa de
noche. La madre de Emily había planeado buscar trabajo
y dejar a Emily en un grupo de juego, pero esto ya ni
siquiera se mencionaba.

Yo los observaba en mi consultorio cuando conversábamos. Emily ya no era el bebé de espíritu alegre que
había sido. Estaba tensa y su actividad era bastante com-
pulsiva. Cuando uno de sus padres trataba de hablarme,

ella observaba atentamente. Al igual que los ojos de un espectador en un partido de tenis, los de ella se movían rápido de una persona a otra. Trataba de desviarlos de las súplicas llenas de preocupación que me dirigían, con una conducta que buscaba irritar a sus padres. Primero se encaramaba al regazo de su madre, luego a las piernas de su padre, en su esfuerzo por desviar la atención de ellos. Hablaba en su nuevo lenguaje subiendo cada vez más la voz, como si estuviera compitiendo con ellos. Les tapaba la boca con la mano; les llevaba un juguete tras otro, amontonándolos en las piernas de ellos.

Cuando sus padres se negaron a dejar de hablar conmigo para prestarle atención, su comportamiento se volvió cada vez más provocativo. Sacó libros de mi estante, con lo cual hizo que ambos se apresuraran a ponerlos nuevamente en su sitio. Se encaramó a mi escritorio para interponerse entre nosotros cuando hablábamos. Se puso a arrancar papeles de mi escritorio. Dejó de prestar atención a los juguetes que le habían dado. Como era obvio, todo su interés estaba puesto en su madre y su padre. A medida que se excitaba y asumía un comportamiento cada vez más provocativo, los ojos se le ponían vidriosos y la cara se le tensionaba. Sus movimientos se volvieron rígidos, y hasta tropezaba en forma bastante torpe con los muebles del consultorio. A duras penas se daba cuenta cuando se caía.

Luego de un intento bastante desesperado por atraer la atención de sus padres, se cayó y se puso a llorar a gritos en el piso, revolcándose de un lado para otro. Sus padres parecían tan perturbados e impotentes como ella. Preguntaron: "¿Qué hacemos ahora? Se parece más bien a un animalito salvaje que a nuestra Emily".

Los miré a los tres —todos desdichados, todos tensos y aislados unos de otros, todos sintiéndose desamparados y todos furiosos. Pregunté: "¿No podrían alzarla, tenerla en brazos, simplemente para decirle que la quieren?". Su madre empezó a extender los brazos para alzarla, pero los gritos de Emily aumentaron. Su padre exclamó a voz en cuello: "¡Déjala en paz!". Se volvió hacia mí para decir: "Sólo se pondrá peor. Nos dará patadas y nos lastimará si tratamos de ayudar. Está fuera de control", y luego agregó con tristeza: "Lo mismo que nosotros".

Entre tanto, Emily estaba empezando a dejar de gritar y se enrollaba como un ovillo, con un pulgar en la boca y tirándose del pelo con la otra mano. Parecía exhausta.

Cuando reflexioné acerca de cómo habían llegado a tal situación, la dinámica me pareció clara: cuando Emily entró en el negativo segundo año y necesitaba que sus padres, junto con ella, se ajustaran a un nuevo nivel de su desarrollo, les fue imposible percibir que su actitud negativa, sus exigencias, mostraban una necesidad real de que le impusieran límites. O bien fueron sorprendidos o arrollados por esta "nueva" Emily, o no pudieron o quisieron ver lo que la niña necesitaba de ellos. Cuando su búsqueda de límites no tuvo éxito, se angustió cada vez más, y se volvió cada vez más exasperante. Este comportamiento los ahuyentó a ellos, y Emily quedó aislada.

Percibió el enojo, y sintió que se estaban alejando de ella. Los atormentó más aún para comunicarse con ellos, y su despliegue de actividad y su angustia fueron acrecentándose cada vez más. Sus padres se sintieron impotentes e incapaces de relacionarse con ella o con sus necesidades, puesto que su enojo oculto los inmovilizó.

Hablamos de la necesidad de que Emily tuviera un enfoque más directo. ¿No podían ellos reconocer cuándo Emily estaba tratando de lograr alguna atención de ellos?

Pude hacerles ver cuánto se angustiaba cuando hablaban de ella, y cuán desesperadamente había tratado de comunicarse con ellos antes de derrumbarse.

La señora Abt se puso a llorar en silencio y dijo: "Cuando Emily se pone tan exigente, eso me produce una reacción que probablemente se origina en mi propia infancia. Nadie jamás me dijo "No" y crecí con el temor de incurrir en la desaprobación de la gente. Inclusive cuando mis padres sólo parecían enojados, me derrumbaba. Corría a mi alcoba a esconderme. Enfadar a todos los adultos que había a mi alrededor me producía tanto miedo que he pasado la mayor parte de mi vida tratando de complacer a la gente. Emily era así en su primer año. Ahora que ha cambiado, es como alguien a quien no puedo entender. Eso me atemoriza porque tengo la impresión de que no podré enfrentar todos esos viejos sentimientos del pasado. ¿No puede ella ver que me siento impotente cuando se porta así?". Y luego agregó: "¡Apenas ahora me doy cuenta de que le estaba pidiendo a esta niñita de 2 años que se encargara de mí!".

El padre de Emily confirmó el arranque de su esposa con otro igual al exponer su propio problema frente al comportamiento negativo y exasperante de Emily: "Mi padre era tan autocrático que juré que nunca castigaría a mi hijo. Consideraba que cualquier cosa sería mejor que la disciplina con que fuimos criados. Trato de evitar situaciones con Emily que sé que habrán de conducir a estos arranques, pero ella parece ser más lista que yo. Siempre regresamos a una situación donde sé que yo debiera actuar. Siento que si lo hiciera, podría reaccionar en forma exagerada y golpearla o lastimarla. Es más fácil simplemente volver la espalda e irme, o actuar como si nada estuviera sucediendo".

En ese momento, ambos padres habían revelado su intimidad, examinando sus propios actos y motivos, y sabían tan bien como yo que su comportamiento había estado dominado por sus propias necesidades y que, en realidad, se habían olvidado de las de Emily. Su padre la alzó para abrazarla y mimarla. Emily se acomodó en sus piernas con gran satisfacción. La señora Abt preguntó: "¿La hemos echado a perder? Temo mucho que se vuelva voluntariosa y malcriada".

Llegado este momento, pudimos hablar de las necesidades de Emily —su necesidad de tener contacto con ellos y con sus sentimientos, inclusive con su rabia cuando ella mostraba una actitud negativa y exasperante. Hablamos de su necesidad de que le impusieran límites y la disciplinaran antes de que llegara a estar tan desequilibrada como lo había estado en mi consultorio. Pudimos hablar acerca de cómo un enfoque honesto de su parte frente a la conducta negativa de Emily sería reconfortante, de cómo los límites impuestos a su conducta exasperante serían considerados por ella como amor de su parte. Emily estaba buscando tales límites, los cuales hacen que se sienta amada y en contacto con ellos. Le resultaban mucho más atrayentes que el aislamiento y el enojo que su comportamiento había producido. Una vez que pudieran percibir su papel al establecer estos límites, es probable que verían el regreso de "su antigua Emily", una niñita encantadora y tranquila.

METAS CAMBIANTES PARA LOS PADRES

Me interesé en una encuesta realizada hace poco por la revista *Redbook* en la que fueron entrevistados 20.000 jóvenes padres-lectores en todo el país, para conocer su opinión acerca de la disciplina. Las respuestas a esta encuesta reflejaron buena información, y a la vez arrojaron mucha luz. Las jóvenes madres parecían tener muy buena idea acerca de por qué la disciplina era importante, y todas parecían estar de acuerdo con el hecho de que lo era. Sus respuestas reflejaban un vivo interés en que los niños aprendieran autodisciplina en el seno de su familia. Ninguno de los que respondieron parecía tener dudas con respecto a que había ocasiones cuando era imperativo actuar. El hecho de que consideraran que la disciplina podía asociarse con la razón, el afecto y la comprensión, me dice que, efectivamente, la consideran una parte importante de su papel de padres. La otra cara de la moneda del amor y el afecto es la fijación de límites, y estas madres consideraban que estaban desempeñando esta tarea en forma cariñosa y comprensiva. Su actitud hacia la buena conducta interpreta el mismo pensamiento: recompensar al niño en una forma que le ayude a entenderse a sí mismo. Los objetivos que consideraban de primordial importancia para sus hijos eran: honestidad, respeto por los sentimientos y la propiedad de los demás, amor al hogar y a la familia, generosidad, buenos modales, y la habilidad de llevarse bien con otros —todo ello junto con la confianza en sí mismo. Estos padres percibían cómo un entendimiento de sí mismo debía ayudar a un niño a desarrollar estos rasgos.

El problema de un cuestionario estriba en que la muestra de quienes responden probablemente esté parcializada en favor de las mujeres que se expresan con claridad y ya tienen sus objetivos bien definidos. Además, las respuestas bien pueden reflejar las acciones que los padres desean que ocurran y que no son, necesariamente, un verdadero reflejo de sus acciones en situaciones estresantes. La amplia extensión de esta encuesta era alentadora, como lo eran las respuestas afirmando que, en ocasiones, no consideraban admisible el comportamiento de los hijos. Estas anécdotas eran, a mi juicio, reflejos ilustrativos y honestos de lo que mujeres jóvenes y serias trataban de hacer al conducir a sus hijos hacia ciertas metas.

Me interesé especialmente en la universalidad del altruismo como un objetivo de máxima importancia. Recuerdo un cuestionario similar destinado a las madres, de hace unos 25 años. Sus máximas prioridades no incluían la honestidad, ni la generosidad ni el respeto por los demás; más bien estaban orientadas hacia el área de los logros, tanto educacionales como financieros. Si no recuerdo mal, el 95% de las madres estaban interesadas ante todo en un alto logro académico como objetivo primario. En aquella época me quedé aterrado, y ahora lo recordé, al ver a esa generación de finales de los años 60 y comienzos de los 70 haciendo manifestaciones para protestar contra la intolerancia y las normas rígidas de las clases sociales de nuestra generación. Las manifestaciones de brazos caídos en las universidades me parecían una protesta contra los objetivos fijos de sus padres y contra las omisiones que tales objetivos representaban: la omisión del altruismo y del interés por los demás.

Esta generación de madres —si es que el cuestionario las representa— percibe su papel más bien como el de capacitar a sus hijos para convivir con otros, para desarrollar una especie de autoestimación que los preparará para cualquier futuro incierto que tengan que enfrentar.

GUÍAS

¿En qué ocasiones es necesaria la disciplina y qué necesita saber usted en su calidad de padre para decidir cuándo debe actuar? Las ocasiones más obvias en que es necesaria la disciplina se presentan en el segundo año y un poco más tarde. A esa edad, un pequeño que está aprendiendo a caminar se mete en toda suerte de situaciones nuevas y emocionantes. Tiene movilidad y anda "por su cuenta" la mayor parte del día. Impulsado por la emoción de aprender, se ve comprometido en más cosas de las que puede manejar. A medida que su emoción aumenta, se le dilatan los ojos, le tiemblan las manos que exploran indiscriminadamente, y las piernas lo llevan de continuo de un lugar a otro. Como es incapaz de detenerse el tiempo suficiente para apreciar el objeto con que está jugando o para recuperarse un poco del estado emocional tan agitado en que se encuentra, empieza a derrumbarse. De este estado de gran agitación inevitablemente caerá al punto más bajo. Los padres saben que eso va a suceder, pero no siempre pueden impedirlo. En este punto, cualquier detalle insignificante, inclusive una observación inadvertida de un adulto o de otro niño, puede precipitar una pataleta o un ataque de llanto.

A menudo, el pequeño que está a punto de derrumbarse precipitará él mismo la crisis para provocar una respuesta real del adulto. Por ejemplo, una de nuestras hijas siempre se dirigía al televisor cuando quería atraer nuestra atención. Como sabía que no queríamos que jugara con el aparato, se volvía hacia nosotros para asegurarse de que estábamos mirando, antes de llegar demasiado lejos. Luego, con un grito de júbilo, solía lanzarse sobre el aparato —de tal manera que teníamos que decirle "No". Su conducta irritante llegaba al punto culminante para hacernos saber que era ahora o nunca. Cuando efectivamente respondíamos con un "No", trataba de ver cómo interpretarlo. "¿Lo decíamos en serio o podía ir un poco más lejos?", era lo que sin duda pasaba por su mente. Cuando creía que podía salirse con la suya, avanzaba unos pocos pasos más, mirándonos entonces seriamente, para probar cuán lejos podía ir. Cuando por fin decíamos "¡Basta ya. Deja de molestar!", solía tirarse al piso a llorar con gran aflicción. Nos preguntábamos, *desde luego*, si no habíamos sido excesivamente crueles por una cosa tan insignificante. Nos parecía, *desde luego*, que estábamos aprovechándonos de su pequeña estatura y de su inexperiencia. Estos eran, *desde luego*, los sentimientos que nos incapacitaban en primer lugar. Lo asombroso era ver que sabía muy bien cómo nos hacía sentir y nos dirigía sus gritos. Cuando decíamos "Lo sentimos mucho, no lo tomes tan a pecho", sus gritos aumentaban y golpeaba el piso con las piernas. Cuando, por último, uno de nosotros decía "Está bien. Es tu pataleta. Tú te encargas de ella. Sabes muy bien que no puedes jugar con ciertas cosas, y cada vez que lo hagas, yo te lo impediré", dejaba de llorar como por arte de magia. Nos miraba fijamente a los ojos, con alivio en la cara; se acercaba a uno de nosotros y se le trepaba a las piernas para que la abrazara con cariño. Si uno de nosotros le podía decir en ese momento "Tú *sabes* que no puedes hacer eso. Así que sólo molestaste para lograr que yo dijera «No», ¿no es cierto?", ella levantaba los ojos con aire angelical, como si no cupiera duda de que la habíamos juzgado mal, a pesar de lo cual ella nos iba a perdonar. Lo cierto era que habíamos procedido en forma correcta. Eso había calmado su alboroto y ella estaba agradecida. Se había puesto fin a su excitación, y la niña había aprendido que por sí misma podía ponerle fin. Con el tiempo, estos episodios llegaron a ser menos costosos para todos los involucrados.

Las pataletas y los episodios de prueba del segundo y el tercer año exigen firmeza, junto con una explicación comprensiva que se da al niño después de concluir el episodio. En esta forma, los padres pueden ayudar a un pequeño a dominarse y a aprender de la disciplina.

¿Qué hay con respecto al peligro de ser en exceso punitivo o de lastimar al niño físicamente? Un niño de esta edad, e incluso mayor, puede molestar seguido, en tal forma que uno pierde el control. Al final del día, cuando los padres están cansados y dispuestos a pasar juntos un rato agradable, un niño puede dedicarse a presionar al máximo para generar reiterados episodios de disciplina. Los padres también necesitan consideración, y pueden enfurecerse cuando un niño los exaspera molestando. Cuando la conducta exasperante se hace más intensa, uno de ellos podría sentir deseos de darle una paliza o una bofetada. Si eso no surte efecto, la tensión puede ir aumentando hasta

que los padres realmente sientan deseos de lastimarlo. Estos sentimientos son aterradores. ¿Es posible romper el ciclo antes de que llegue a este extremo?

Un medio de romperlo es alzar al bebé que está en vías de derrumbarse, abrazarlo firmemente, sentarse y mecerlo con suavidad para calmarlo y consolarlo. Cuando usted lo esté meciendo, háblele de cuán alterados están ambos y cómo pueden calmarse para pasar juntos un rato agradable. Si este mensaje llega al niño, puede tranquilizarlo, y en esta forma ustedes pueden reconciliarse. Si no surte efecto y la conducta irritante continúa, lo mejor que puede hacer usted es recurrir al aislamiento para calmar las cosas. Si usted está empeñado en que la conducta irritante debe terminar, un niño generalmente lo sabe y aprueba la firmeza de usted. Si no reacciona así, hay que confinarlo en su alcoba para que se calme y esto les da a ambos la oportunidad de reponerse. Luego, un período de reconciliación, seguido de una breve discusión acerca de por qué era necesario proceder en esa forma, y un período de recompensa en el cual hagan juntos algo divertido, todo ello puede realmente contribuir a iniciar un mejor patrón de conducta. Ambos aprenderán de esa clase de experiencia.

La mejor forma de evitar esas escaladas de excitación tan tarde en el día es estableciendo una rutina de juego o compartiendo experiencias agradables antes de que se desarrolle una crisis al final del día. Las madres que han permanecido en casa todo el día, con frecuencia están hartas para pensar en ello, y los padres que trabajan están demasiado cansados para dar más. Pero si los padres pueden cambiar el ambiente y volverlo positivo antes de que la crisis empiece, o si pueden tranquilizarse para compartir una experiencia agradable antes de que el niño se ponga exasperante, el final del día podría ser más grato para todos.

Otras ocasiones donde uno puede esperar colapsos nerviosos es cuando se va acumulando la emoción —con la visita de los abuelos, o durante una visita a un centro comercial muy concurrido. Como es obvio, resulta mil veces preferible evitar una explosión de ira a tener que tratarla cuando ya pasó. Muchas madres consideran que no pueden ir de compras con un niño que está aprendiendo a caminar o con uno de 3 años. Saben que terminará en una crisis de llanto.

¿Es posible evitar tales situaciones? Hablarle a un niño con anticipación y prepararse para un resultado alternativo puede ser útil. "Si te cansas demasiado, nos iremos; pero por favor, no llores ni te pongas a quejarte allá. A la gente no le gusta oírte llorar, y sí te quieren cuando estás contento". La preparación puede ser asombrosamente útil. Pero no siempre surte efecto y, en tales ocasiones, llevarse al niño es el único recurso.

¿Cómo pueden saber los padres cuándo son demasiado estrictos todo el tiempo? Todos tenemos estándares altos, y podrían ser demasiado altos. Quizás esperemos demasiado de nuestros hijos sin saberlo, así como esperamos dema-

siado de nosotros mismos. En nuestro afán de enseñar a nuestros hijos a respetar a los demás y a adaptarse a una sociedad exigente, podemos pasar por alto el hecho de que un niño sí necesita probarse a sí mismo y probar a su mundo. Tal vez necesite la oportunidad de propasarse para averiguar las consecuencias de ello. Refrenarlo a toda hora quizá no sea tan productivo como tener una crisis ocasional. Me preocupo cuando un niño es demasiado bueno y ansía demasiado complacer a los demás. Al final del primer año, debe estar molestando y explorando. El niño no debiera ser demasiado fácil de distraer o de hacer callar. Un bebé de 8 meses debe empezar a rechazar la comida. A los 10 debe empezar a alejarse de sus padres gateando, y al año debe estar molestando de muchas maneras —botando comida de su bandeja o tirando su cuchara a ver si usted la recoge. Si un niño es demasiado sensible a una leve crítica, o se deja dominar con demasiada facilidad, más vale que usted sea menos severo con él y revalúe el ambiente.

Otra señal de advertencia puede ser la pérdida del sentido del humor y una constante irritabilidad. Si un niño está sometido a demasiada presión, puede volverse demasiado serio o angustiado. Los síntomas de ansiedad pueden manifestarse en cualquier área: en la alimentación, en el sueño, en el uso del retrete, etc. (véanse introducción y capítulos 8, 9 y 13). Si no hay otras razones para que se presenten tales síntomas o una regresión a la pasividad o a la irritabilidad, o todo esto, es hora de revaluar lo que usted está haciendo y de averiguar si la vida es tan grata para su hijo como pudiera serlo. Una mezcla bien pensada de diversión y disciplina puede proporcionar a un niño una sensación de seguridad y de felicidad —tanto en sí mismo como en su medio ambiente.

8

LA ALIMENTACIÓN: ¿PLACER O CAMPO DE BATALLA?

En casi todo el mundo, alimentar a los niños es un asunto de vida o muerte. En el África Oriental, un hombre brinda la tierra, pero es tarea de la mujer cultivarla; porque es ella quien debe procurar la comida para sus hijos. En las sociedades del Tercer Mundo he visto que es responsabilidad de la mujer asegurarse de que sus hijos estén alimentados. Los hombres pueden participar en atender los cultivos y cosechar los frutos o en cazar y conseguir la comida, pero es oficio de la mujer prepararla y servirla. La cultura, a través de la familia extendida, proporciona rituales y tabúes con respecto a la comida, y éstos indican a una madre lo que es necesario e importante. Aprende todas estas cosas en la infancia al observar a las mujeres de su familia cuando consiguen la comida, la preparan y la sirven. Cuando le llega el turno con su propia familia, le queda muy poco por aprender —su tarea está bien definida y clara. La lactancia natural es la norma, y se espera que tenga éxito con cada bebé. En tales culturas una mujer es juzgada de acuerdo con su capacidad para criar niños saludables.

EL BUEN PROVEEDOR

A partir del embarazo, es vital el papel de una madre como fuente de alimento. El desarrollo del feto depende de una alimentación intrauterina apropiada y adecuada. En los países donde es probable que la desnutrición de las mujeres embarazadas esté cerca del nivel de inanición, el desarrollo del cerebro y de otros órganos es afectado por la desnutrición materna. Todas las células del cuerpo probablemente sean afectadas por la desnutrición, y no se multiplican con la misma rapidez con que lo harían si la mujer estuviera bien alimentada. Hasta el 40% del crecimiento celular del cuerpo puede afectarse si la desnutrición de la madre es grave. El cerebro del feto está resguardado de daño hasta lo último, y el crecimiento lineal del bebé es lo primero que se ve afectado. Por ejemplo, todos los bebés que estudiamos en el oriente de Guatemala, cuyas madres trabajadoras seguían un régimen alimenticio inadecuado de 1500 calorías al día (en ese país, 2200 calorías al día para una madre en reposo ha sido estimado como mínimo), nacieron pequeños y de corta talla. Algunos de los más afectados también mostraron un comportamiento inadecuado. Esto parecía indicar que su cerebro también era subdesarrollado. Eran callados, difíciles de estimular para obtener respuestas sociales, y dormían mucho; las madres pobres, y al borde de la inanición, los alimentaban cuando lo reclamaban. El reclamo de estos bebés soñolientos tenía lugar tres veces al día en el período neonatal —una época donde son necesarias seis comidas como mínimo, para un crecimiento apropiado. Al nacer, estos bebés ya están condenados a ser de baja estatura, a un funcionamiento inadecuado del cerebro, a tener poca energía y problemas en el desarrollo futuro. Ésta es una forma como la pobreza se reproduce de generación en generación.

En estas culturas pobres, donde la comida es mínima y los niños son afectados por enfermedades causadas por deficiencias nutritivas, se crean rituales que protegen a la madre contra sus sentimientos de culpa. De lo contrario, sus sentimientos con respecto a lo que podría sucederle a cada niño serían intolerables; su propia supervivencia y la de sus otros hijos se vería amenazada. Si un bebé termina con una enfermedad producida por inanición cuando su madre suspende la lactancia natural en el segundo año, ciertos rituales y creencias la protegen de sentirse responsable. Las actitudes hacia el *kwashiorkor* son un ejemplo gráfico. El *kwashiorkor* es una enfermedad que ataca durante el segundo año, por lo general asociada a la suspensión de la leche materna, tan vital para el niño, lo mismo que a una alimentación insuficiente. En la mayoría de las culturas donde el *kwashiorkor* representa una amenaza, la madre ya está apartada psicológicamente y está atada al siguiente bebé. Al hijo mayor con frecuencia lo califican de "malo" o dicen que "no sirve" por tener esta deficiencia —y nadie culpa a la madre ni le permite a ella echarse la culpa. Se dice que para entonces la responsabilidad es del niño. El desconocimiento de esta enfermedad carencial es tan fuerte que no fue bien comprendida sino hasta finales del siglo. Ahora sí sabemos que es una combinación de desnutrición causada por la suspensión de la lactancia natural (puesto que tales culturas carecen de suministros de leche para el destete) y por la depresión del niño que es obligado por su madre a dejar de mamar. Es una enfermedad psicosomática. En la India se considera que un niño no es una "verdadera" persona hasta que haya soslayado este obstáculo al final del segundo año. Tales creencias protegen a los adultos responsables de sentirse devastados por su sensación de ineptitud como padres.

En los Estados Unidos, los problemas de la alimentación posiblemente sean diferentes en la superficie, pero los problemas fundamentales no lo son. Las madres siguen considerando que es responsabilidad de ellas velar porque sus bebés sean alimentados. Ante la disponibilidad de toda clase de alimentos, la elección de "cuál es mejor" se convierte en un problema. En mi consultorio de Cambridge, las madres leen cuanto pueden sobre alimentos y alimentación. Sus preocupaciones, su enojo, su conflicto, están motivados por temores acerca de los elementos contaminantes que hay en los alimentos, los aditivos alimenticios, las vitaminas y la radiactividad de la leche causada por la lluvia radiactiva. Todos estos temores reflejan el alcance de los sentimientos de responsabilidad de las madres. Consideran que a ellas les corresponde proporcionarles la mejor —no apenas la adecuada— comida a sus niños. Como dijo una madre: "Considero que si alimento a mi bebé en forma apropiada, puede llegar a ser presidente. Si no, podría convertirse en un holgazán". Esta afirmación me impactó por su intensidad, pero refleja el deseo subyacente de permitir a un bebé que comience su vida en la mejor forma posible.

LA PUESTA EN MARCHA

Lactar o no lactar es la primera decisión importante sobre la alimentación. La mayoría de los pediatras, si no todos, consideran que la lactancia es preferible al biberón para la mayoría de los bebés. La leche materna no sólo contiene un alto nivel de anticuerpos que protegen contra infecciones, sino que además es un alimento mucho más digerible y menos alergeno que la mejor fórmula que se pueda preparar. Si una mujer puede lactar, es ventajoso para el bebé. Pero hay razones tanto inconscientes como físicas que pueden interferir en el éxito de una nueva madre. La experiencia de ella puede haber sido tal que esté en contra de la lactancia natural o que se sienta incapaz de asumir la tarea. Si una madre que abriga estos sentimientos no recibe el apoyo de las personas que la rodean, probablemente fracase en el intento de lactar a su bebé. Según mi experiencia, con un verdadero apoyo emocional y físico, la mayoría de las mujeres puede tener éxito en esta tarea. El placer que les produce tener éxito estimula verdaderamente sus sentimientos de ser todo un éxito como madres. Cuando la lactancia marcha bien, una madre tiene una verdadera oportunidad de conocer los ritmos, el temperamento, la sensibilidad de su nuevo bebé.

Los padres deben tratar de reservar tiempo para alimentar al bebé una vez al día o al menos dos veces por semana. Una alimentación exitosa seguida de un eructo exitoso emociona a todo padre. Sin embargo, siempre advierto a los padres que si su bebé es amamantado y tiene que trabajar duro para conseguir la leche, probablemente habrá aprendido a succionar muy bien y cuando ellos le den el biberón el niño engullirá con tanta avidez y eficiencia que el alimento puede actuar como un ascensor: bajar con demasiada rapidez para devolverse enseguida con el mismo impulso. Por consiguiente, un padre debe asegurarse de que su bebé tome el biberón *tan lentamente como sea posible*, usando un chupete con un hueco pequeño.

John y Mary Lincoln compartieron el embarazo de ella tan a fondo como les fue posible. Él la acompañó durante el parto y se regocijó cuando dio a luz. Por cierto, consideraba que esa recién nacida perfecta era, en parte, suya. Para lo que no se había preparado era para la veneración que ella le producía. Cuando estaba al pie de su cuna observando cómo respiraba, se asustaba cada vez que ella se estremecía en su sueño. Cuando estaba despierta, no se atrevía a tocarla, tan frágil le parecía. La primera oportunidad que tuvo de alzarla, sin que nadie estuviera cerca para ayudarle, se presentó al tercer día. Su esposa se había levantado para ir al baño. Nadie estaba cerca cuando Karen gritó. John corrió rápidamente en busca de una enfermera, pero nadie llegó. Karen continuaba moviéndose y empezaba a retorcerse insistentemente. No tenía alternativa. Tenía que alzarla. Le dio la impresión de que era un bulto con extremidades que se retorcían. Las piernas, los brazos, el cuerpo, todo, parecía salir volando en distintas direcciones. Se esforzó por contenerla. Al fin recordó que las enfermeras siempre la arropaban antes de alzarla, y así podían moverla sin problema. John experimentó una sensación de triunfo cuando ella quedó acolchada y arropada en sus brazos.

Esta experiencia confirmó su determinación de alimentarla. Mary estaba amamantándola con éxito cuando la llevaron a casa al cuarto día. Parecían bien avenidas como pareja lactante, y John se dio cuenta de que estaba celoso de ambas. John y Mary habían hablado antes de la participación de él, y parecía que había llegado la hora de ensayar darle el biberón, para que Mary pudiera dormir un poco de noche. Al sexto día, la leche de Mary estaba firmemente establecida. El médico animó a John para que se hiciera cargo de la alimentación nocturna. Cuando Karen lloró a la una de la mañana, se dio cuenta de que sólo había estado medio dormido, esperando lleno de ilusión. Mary dio un quejido y empezó a sentarse en la cama. John le dijo en voz muy baja: "Déjame encargarme de este turno", y se apresuró para llegar antes que ella a donde Karen. La sacó de la cuna y advirtió que estaba mojada, sucia y hambrienta. Era necesario cambiarla. ¿Qué venía primero, la alimentación o el cambio de pañales? Se le había olvidado. Le habló a su esposa, quien agradecida se había vuelto a dormir. Ella musitó "múdala", con voz soñolienta. Así que John trató de acostarla. Sus gritos aumentaron cuando la puso en la mesa para mudarla. La alzó y se fue a toda prisa a la cocina, a colocar el biberón ya preparado en agua caliente. Luego la mudó, haciendo caso omiso de sus gritos, sus braceos y sus pataleos. Cuando por fin la tuvo arropada y a salvo, se sentó a darle el biberón que había preparado.

Se sentó con su pequeña en brazos, la meció suavemente y escuchó con gran satisfacción el ruido que hacía al beber el biberón. Al fin estaba haciendo algo por esta pequeña criatura. De repente, todas sus fantasías acerca de ser padre parecían convertirse en realidad. ¡Se sentía como si fuera un padre! Karen engulló todo el biberón en tiempo récord. John se acordó demasiado tarde de que había omitido frenarla a mitad de camino para hacerla eructar. Pero al menos se lo había tomado todo, y se sentía orgulloso. Cuando la puso en el hombro para hacerla eructar, ella empezó a retorcerse. La meció con más fuerza. Después de un minuto más o menos, Karen frunció la carita, subió las piernas y las dobló en el abdomen, y soltó un enorme eructo. Todo el alimento salió con rapidez, literalmente disparado, a través del cuarto.

John quedó cubierto de leche. Ésta llegó hasta la pared que había detrás de él. Miró al bebé, exhausto en sus brazos, cuando se recuperaba de este esfuerzo. Yacía sin fuerzas. John tenía ganas de llorar. Todo ese esfuerzo había sido en vano para los dos. ¿Le había hecho él daño? ¿Estaba ella bien? La respuesta inmediata de John fue desahogar su pena. La siguiente fue ocultarlo todo, actuar como si eso nunca hubiera sucedido. Se puso a limpiar la leche que había sobre ella, sobre él, en el cuarto a su alrededor. Con gran suavidad la acostó en su cuna y él se metió sigilosamente en su cama. Miró fijo al techo durante las siguientes tres horas, esperando que Karen llorara, para mostrarle a Mary el gran fracaso que él era.

Después de una toma de leche rápida, recueste al bebé en un ángulo de 30° durante 20 a 30 minutos antes de sacarle los gases. En ese lapso, la gravedad hará bajar la leche, haciendo subir la burbuja más liviana a la parte superior del estómago. Luego, cuando el bebé es mantenido en posición vertical, la burbuja subirá sin la leche. Esto es importante para los padres que ayudan a las madres lactantes, porque si cada alimentación termina en un fracaso, los padres se sentirán cada vez más frustrados en su relación con el bebé.

La alimentación es un área crítica de aprendizaje para los nuevos padres. Ellos saben que deben lograr que el bebé ingiera una cantidad adecuada de alimento. Para hacerlo, pueden excederse, alimentando al bebé cada vez que se despierta o cada vez que se pone fastidioso. En el período de ajuste inicial en la casa, tal vez sea necesario que los nuevos padres alimenten a su bebé cada vez que llora. Pero cuando van conociendo los ciclos del pequeño de un estado de conciencia a otro —sueño y períodos activos— es decisivo animar al bebé a que ocupe su tiempo con otras experiencias, además de la alimentación. Jugar solo en su cuna, mirarse las manos o jugar con los adultos que haya a su alrededor, aprender a conocer su mundo, son actividades que pronto llegan a ser tan importantes como la alimentación. A las 3 ó 4 semanas, los padres deben comenzar a separar las horas de la comida de otras experiencias importantes. Ya es hora de establecer un equilibrio entre la necesidad que tiene el bebé de aprender acerca de sí mismo y de explorar su nuevo mundo y la necesidad de alimento. Los padres deben aprender a respetar este equilibrio, pero es difícil. En estos períodos, el bebé empieza a mostrar independencia.

LAS CONTRARIEDADES

Las madres creen que si proporcionan alimento al bebé, él debe ingerirlo. Si no lo acepta, el problema es hacer que se lo coma. Cuando el niño rechaza la comida que la madre le ofrece, ésta primero se asombra, y luego se enoja. ¿Cómo es posible que no quiera comer? ¿Será que estoy haciendo algo mal? Una abuela estaba sentada en mi consultorio meciéndose mientras yo le explicaba a su nuera que no debía atiborrar de comida a su niño de 1 año. Cuando le explicaba mis argumentos, la suegra se mecía con más vigor, y movía la cabeza de un lado a otro. Yo tenía la sensación de que mis argumentos eran inútiles, pues estaba seguro de que esta anciana negativa los desecharía apenas salieran de mi consultorio. Al fin, me dirigió la palabra: "Doctor, ojalá alguien me hubiera dicho eso cuando yo estaba criando a mis hijos. A nosotros nos enseñaron la frase «*Essen und brechen*», que significa «Coma y vomite» en yiddisch*. La responsabilidad de una madre era obligar a su hijo a comer. ¡No importaba qué sucediera después con la comida!". Esta abuela comprendía que el afán de llenar con comida a sus bebés puede llevar a las madres a resistirse a la independencia del niño. Cuando el bebé llega a un período de independencia y no quiere comer por darle gusto a ella, la mayoría de las nuevas madres se sienten desamparadas y enojadas.

¿Hay que extrañarse, entonces, de que un obstáculo de esta clase aparezca como una amenaza y le reste mérito a la imagen que la madre tiene de sí misma en una época cuando es decisivo que ella se sienta *la* madre perfecta? En

---

* Idioma que hablan los judíos de Europa central y oriental, formado por un dialecto alemán y con palabras del hebreo y de varios idiomas modernos [*N. del Trad.*].

nuestra cultura, la mayoría de las mujeres carecen de experiencia en el cuidado de bebés muy pequeños. Por lo general, no cuentan con una familia extendida que las apoye en estas crisis aparentemente insignificantes. Es probable que el único respaldo provenga de los medios de comunicación, los cuales tienden a perpetuar la madre idealizada, desacreditando de forma implícita a las que no alcanzan ese ideal. Una madre podría considerarse como un rotundo fracaso si descubriera cualquier desviación de este ideal.

Kenneth Kaye, profesor de educación de la Universidad de Chicago, y yo, descubrimos que uno de los primeros de tales obstáculos para las madres que estaban aprendiendo a alimentar a sus recién nacidos podría proceder del mismo bebé. Sabíamos que un bebé mamaría constantemente cuando comenzaba a tomar el biberón o el pecho, pero que después de un arranque inicial de mamadas, adoptaría un patrón arranque-pausa. Después de un arranque de ocho o diez mamadas vendría una pausa de unos segundos antes del siguiente arranque. Este patrón rítmico de pausas parecía preocupar a las madres, y automáticamente solían recurrir a alguna forma de persuasión, ya fuera extender la mano para acariciarle la mejilla, o bajar los ojos para hablarle. Cuando le preguntamos a una de las madres por qué lo hacía, respondió: "Quiero que continúe mamando para que esté bien alimentado". Desde que descubrimos que el patrón arranque-pausa era universal, medimos la duración de las pausas cuando un grupo de madres trató de reducirla y cuando los bebés hacían caso omiso de ello. Con gran sorpresa nuestra, las pausas que pasaron inadvertidas eran más breves que las pausas donde las madres respondían. En otras palabras, los bebés prolongaban las pausas cuando su madre les daba una respuesta social, como si la comunicación con la madre durante las pausas fuera tan importante como la alimentación misma. El objetivo de la madre era lograr que el bebé se alimentara, pero el objetivo del bebé era combinar la alimentación con una experiencia social positiva.

La alimentación ofrece a las madres y a los bebés muchas oportunidades para conocerse mutuamente. Casi siempre en forma inconsciente, ponen a prueba sus respectivos límites durante una alimentación. Con cada manifestación repentina de desarrollo, es probable que aumenten las tensiones entre ellos, lo cual habrá de influir en el clima de alimentación. No es prudente permitir que esta área se convierta en un campo de batalla. Me parece hoy natural que, en ciertas épocas, las madres que acuden a mi consultorio se quejen de la alimentación de sus bebés. Tales épocas siempre están asociadas con un desarrollo repentino de la conciencia que el bebé toma de sí mismo y de su medio ambiente. Constituyen arranques en su independencia —incluso en la infancia.

A los $4\,{}^{1}/_{2}$ ó 5 meses, el horizonte de un bebé se amplía súbitamente. Ya aprendió a alargar la mano para tomar objetos, y esto incrementa su interés en todo lo que está a su alrededor. Las escenas que ve, los sonidos, los objetos, adquieren un nuevo significado, y apenas tiene tiempo suficiente para sentarse con tranquilidad a tomar el alimento. Cuando hay un ruido a su alrededor, o cuando un hermano aparece, pierde el interés en la alimentación y vuelve la cabeza para mirar o escuchar. Las madres tienden a culpar a la dentición de esta pérdida de interés, o a preocuparse por la pérdida de apetito. Pero, en realidad, es el resultado de un arranque de interés por el mundo que lo rodea. Si la alimentación tiene lugar en un cuarto tranquilo y obscuro, donde los estímulos son mínimos, el bebé se alimentará mejor. Pero lo más importante que la madre debe tener en cuenta es que un período de rechazo de esta clase es normal y transitorio; él volverá a alimentarse normalmente al cabo de unas semanas, a no ser que ambos se empeñen en una lucha. Si la madre amamanta al bebé, su leche puede empezar a disminuir. Recomiendo que para alimentar al bebé lo lleven a un cuarto tranquilo y obscuro por lo menos dos veces al día —por la mañana y por la tarde— para evitar que se pierda la valiosa leche materna.

COMIDA VERSUS AVENTURA

A los 7 u 8 meses, cuando empieza a mejorar su capacidad para manipular objetos con los dedos, un bebé llega a dedicarse en cuerpo y alma a explorar su mundo con las manos. Disfruta de un sentimiento de dominio con sus dedos que puede ocupar todo su día. Hurga, hala, empuja, usa sus dedos recién descubiertos en una danza sin fin. Quiere dominar todo su mundo. Éste es el momento propicio, desde luego, para darle alimentos que pueda comer con los dedos. A menos que pueda participar activamente en una comida, tendrá un verdadero conflicto de intereses. Si puede sostener con las manos un pedazo de tostada o una galleta, puede ser un participante. Si puede esforzarse por dominar su nuevo agarre de pinza con el índice y el pulgar alzando una arveja o un fríjol, tendrá la impresión de que toda la comida valía la pena. Mientras está ocupado en esta nueva e importante tarea, se le puede dar toda una comida. Si se desatiende este aspecto de la evolución, ello podría llevar fácilmente a un problema de alimentación.

Durante los meses siguientes, aumentará el deseo del bebé de alimentarse por sí mismo. Una joven madre, al narrar la resistencia que su bebé de 10 meses oponía a ser alimentado, me dijo con gran orgullo que la única forma de darle la comida era la siguiente: ella sentaba al bebé frente al televisor. Cuando quería que abriera la boca, subía el volumen del televisor de tal manera que el bebé quedaba espantado; daba un brinco, levantaba los brazos y quedaba con la boca bien abierta. Entonces ella le embutía varias cucharadas de comida antes de que pudiera cerrarla. Cuando apretaba los labios para pasar a fin de no atragantarse con la comida, ella volvía a subir el volumen del televisor para asustarlo y lograr que abriera la boca de nuevo. De modo que la comida proseguía de susto en susto.

No se le había ocurrido que había otras formas de lograr que se interesara en su alimentación. Habría sido mucho mejor si le hubiera permitido al bebé su propia independencia. Eso bien podría haber dado lugar a que el bebé comiera menos durante cierto tiempo, lo cual, realmente, no hubiera tenido importancia, pues para el bebé, la independencia era más importante que la comida. Una madre puede asegurarse de que al bebé se le proporcionen alimentos importantes en trozos pequeños que pueda tomar con los dedos, uno a la vez. Así, el bebé puede aprender a usar los dedos mientras se dedica a la tarea de comer, y comerá lo necesario.

El arranque de independencia que tiene lugar al final del primer año podría preparar el terreno para nuevas dificultades de alimentación. La libertad que el bebé acaba de descubrir al aprender a caminar trae consigo una serie de posibilidades tales como alejarse o acercarse a su madre, cooperar con ella u oponerle resistencia. Esta nueva sensación de autonomía invade todos los acontecimientos importantes de su día. Muchos bebés asumen una actitud negativa en esta época, les dan pataletas y exploran nuevos lugares y nuevas experiencias de toda clase. A menos que los padres hayan establecido la alimentación como territorio del bebé, no de ellos, es probable que la comida llegue a convertirse en uno de los principales focos de lucha por la autonomía. El placer de ser padres había sido alimentado por la maravillosa reciprocidad del primer año. Cuando el bebé comienza a ser activo y a apartarse, el instinto de todo padre es tirar con más firmeza de las riendas. Una madre que se considera exclusivamente como un buen proveedor estará dominada por la filosofía de *"Essen und brechen"*. Pensará que la autonomía del bebé, en cuanto a la alimentación, constituye una amenaza a su buen desempeño como madre. Cuando el bebé está ahí sentado, decidiendo si ha de comer o no lo que ella preparó, es probable que se sienta amenazada. Las madres me dicen: "Me di cuenta de que la comida ya no le interesaba tanto como antes, de modo que la preparé más sabrosa. Me preocupé muchísimo más por hacerle una buena comida, pero no se la comía. ¡Es como si me rechazara a mí cuando rechaza la comida que le preparo!". Ése no era el caso en absoluto. El niño está aprendiendo a conocerse a sí mismo, y en este momento, para el bebé eso es más importante que comer. Si una madre lo presiona para que coma, reforzará todavía más su determinación de salirse con la suya.

MANTÉNGASE ALEJADO DEL CONFLICTO

En el segundo año, casi todos los bebés experimentan cambios masivos en los hábitos alimentarios. A los 15 meses muchos pequeños rechazan todas las verduras durante un mes, la carne al siguiente, la leche al tercero. Cuando un grupo de negativas tiene la primacía, el que le precedió va teniendo menos valor para el niño —*a menos* que los padres estén implicados en el asunto presionándolo para que coma. Si lo están, el hecho de negarse a aceptar diversos alimentos puede volverse cada vez más emocionante para el niño, y cada comida se convertirá en una batalla. El niño está experimentando una respuesta gratificadora a su "negativismo" normal; los padres se sienten totalmente derrotados e ineptos. He visto cómo esta situación va evolucionando en forma tan sutil que toda la relación se ve amenazada, y la indignada tensión entre padres e hijo llega a sobrepasar los límites de la comida. En esta forma, entonces, se inicia un problema de alimentación —no porque los padres no se preocupen o porque sean "malos" padres, sino porque se preocupan demasiado. Se inicia cuando la autonomía o independencia empieza a manifestarse en el bebé y se centra en el área mutua de preocupación y cuidado —el área de la alimentación.

María tenía poco menos de 1 año cuando descubrió que dejar caer un juguete a un lado de su silla era un método infalible para atraer la atención de sus padres. Al principio, como si fuera por casualidad, dejaba caer tranquilamente su juguete, luego unos alaridos insistentes hacían que sus padres corrieran a su lado. Si se lo devolvían, lo dejaba caer una y otra vez, hasta que ellos se cansaban del juego. Como María estaba aprendiendo todo lo referente a objetos que desaparecían y la forma de esconderlos y recuperarlos, a sus padres les encantó su juego durante algún tiempo.

Cuando descubrió que podía hacer este juego con su

comida y con los utensilios para comer, a sus padres ya no les encantó tanto. Al comienzo trataron de no darle importancia, y guardaban un silencio glacial. ¡Luego empezaron a actuar con firmeza en su esfuerzo por lograr que dejara de jugar con la comida! "María, ¡basta ya! No puedes jugar con tu comida". Por supuesto, María no distinguía entre el juego con sus juguetes y el juego de manejar a sus padres con la comida. El hecho de que reaccionaran en forma tan enérgica y tan previsible lo hacía todavía más emocionante.

María empezó a convertir las horas de comer en un juego continuo. Dejaba caer los alimentos sólidos. Empezó a untar las cosas con la comida blanda. Todo esto provocaba reacciones enérgicas y previsibles en sus padres. Tomaba leche en una taza que sostenía ella sola. Bebía un poco, y luego derramaba el resto en la bandeja de su mesa para poder jugar mejor con la masa blanda y espesa. Cuando su madre trataba de darle una palmada en la mano o de reprenderla, se ponía a tirar pedacitos de comida. Estaba en continuo movimiento y se paraba en su silla a dar gritos de entusiasmo. La madre de María estaba desesperada.

El pediatra acudió al rescate. Le explicó que ésta era un área donde María sabía que podía hacer reaccionar a sus padres en forma previsible. Como esto era el comienzo de un período normal de "negativismo" del bebé, las reacciones de sus padres eran recompensas que le producían gran satisfacción. Les sugirió que le dieran sólo unos cuantos pedacitos de comida a la vez, y una onza de leche en su taza. Que cuando ella empezara a jugar con los pedacitos de comida, debían quitárselos antes de que empezara a molestar. Si insistía en su conducta, su comida habría terminado: el inevitable tormento que hacía parte de esta etapa evolutiva no tenía que invadir el área de la alimentación. Pero le advirtió a su madre que quizá María no comería mucho, y pediría alimento entre las comidas. El médico aconsejó a los padres que se atuvieran estrictamente a las horas de comida y que no le dieran refrigerios entre comidas. De otro modo, la sensibilidad de la niña ante el deseo de su madre de alimentarla la llevaría a incitar a sus padres a hacer concesiones, que a la postre lamentarían. Especificó una vez más los alimentos que cubrirían sus necesidades mínimas durante este período. Como su dieta incluía tres biberones al día, sugirió que su madre le agregara un huevo crudo batido a uno de ellos, para hacer un batido de leche en caso de que empezara a rechazar otras proteínas. Con los biberones, las vitaminas líquidas y el huevo o cualquier cantidad pequeña de proteína con contenido de hierro, sus necesidades mínimas estarían cubiertas.

La única solución es abandonar la lucha. Usted no ganará y, en realidad, no debiera ganar. La independencia del bebé es sumamente importante. Aun cuando gane, por la pura fuerza, el área de la alimentación se pondría tirante y podrían surgir problemas futuros en esa área. Si usted puede considerar la comida como un área donde es probable que surjan la propia independencia del bebé y las recompensas de nuevos aprendizajes, o si bien usted puede entender que es casi seguro que el bebé aprenderá y explorará su independencia en la situación alimentaria, usted podrá interpretar la resistencia del bebé de modo menos personal. En nuestro país, los bebés gozan de un estado de salud lo suficientemente bueno como para sobrevivir, desde el punto de vista de la nutrición, a muchos combates de "negativismo" respecto de la comida en el segundo o tercer año. Si usted puede recordar el hecho de que sólo cuatro ingredientes básicos (véanse más adelante) le proporcionarán al bebé el suficiente sustento durante los períodos más rebeldes, le puede dar al pequeño la libertad necesaria para que explore, rechace y ponga a prueba los límites. En el tercero o cuarto año, empezará a comer de nuevo y su autodominio se verá recompensado.

Fíjese algunas reglas. Por ejemplo, usted sabe que un niño de 1 año la fastidiará jugando con su comida. Dejarla caer de la mesa para ver si usted la levanta es divertido, y está bien al final de cada comida. De modo que establézcalo como una regla para que no la cojan desprevenida. Déle unos pocos pedacitos a la vez. Demasiada comida en el plato o en la bandeja constituye un verdadero desafío. Desde luego, un bebé tirará comida aquí y allá. La manipulación de la comida junto con este tipo de burla resulta mucho más emocionante que comer. Si usted suspende la alimentación apenas se inicie un juego de esta clase, el niño no tardará en aprender que la comida no es un área de juego. Al final, se pondrá más serio y llegará a respetar la hora de comer.

Por las mismas razones, ponga límites al tiempo en que el bebé esté sentado a la mesa. Ningún pequeño quisiera permanecer inmovilizado y sentado durante mucho tiempo. Y sin embargo, es importante que con el tiempo aprenda que los adultos se sientan a la mesa a comer. No creo que lograr que coma más sea lo suficientemente importante como para justificar que a un niño pequeño se le permita andar de un lado para otro mientras está comiendo. En mi concepto, un niño pequeño debe aprender a separar los rituales de la hora de comer del resto del día. A mí no me gusta ver a un bebé andar con un biberón colgando de la boca, o con pedazos de comida en una mano mientras con la otra juega con un juguete. Puede ser que los niños fastidien a sus padres para que éstos quebranten sus rituales; pero observarlos es importante para toda la familia. Y si un niño tiene la obligación de sentarse a comer —aunque sea por poco tiempo— aprenderá la importancia del ritual. La cantidad de comida ingerida en una época tan rebelde, en verdad, no será grande. Pero la cantidad de comida no es el problema. Los rituales de la familia deben ser evaluados en comparación con la inclinación natural del niño a explorar, a ensayar, a hacerles dar angustia e ira a los padres. La alimentación es un área en la cual el niño sabe que puede obtener reacciones de sus padres. A menos que un padre esté consciente de ello, la hora de comer se convertirá, sin duda, en un campo de batalla, sutil al comienzo, y luego no tan sutil.

Éste es un consejo difícil de seguir, a menos que los padres ya hayan decidido que la alimentación debe ser un área placentera donde haya comunicación. Ése es el objetivo fundamental. En ciertas ocasiones, la lucha por la autonomía llegará a su punto máximo e invadirá el área de la alimentación. Pero, al igual que en otros aspectos de la educación de los hijos descritos en este libro, los límites y las reglas en torno a la alimentación ayudan a un niño para que aprenda a establecer sus propios límites y le proporcionan una especie de seguridad. Si los padres que se preocupan por sus hijos pueden tener presente que un bebé sobrevivirá desde el punto de vista nutritivo, y que su desarrollo global puede ser más importante que una dieta perfecta, la alimentación no tiene por qué ser un campo de batalla.

REQUERIMIENTOS DIARIOS MÍNIMOS

Saber cuán modestos son los requerimientos del niño en el segundo o tercer año puede ayudar a los padres a tomar las cosas con calma. Los cuatro ingredientes que en el curso de los años he recomendado como requerimientos básicos son simples —y hay substitutos, así éstos sean rechazados:

1. 16 onzas de leche o su equivalente en queso, yogur, helado. La leche con sabor puede dar resultados cuando usted esté desesperada. Una cucharadita de calcio líquido (Neocalglucón) equivale a 8 onzas de leche. Esto se puede agregar a cualquier bebida que el bebé prefiera en ese momento.

2. Un total de 4 onzas de carne o 1 huevo proporcionan hierro y proteína adecuados. Si el bebé rechaza estos alimentos, su pediatra puede prescribir un suplemento de hierro y proteína.

3. Una onza de jugo de fruta o de fruta fresca en cualquier forma, proporciona vitamina C.

4. Una preparación de multivitaminas (con o sin fluoruro para los dientes, según la disponibilidad en los alimentos naturales o en el agua) que contenga vitaminas A, B y C, cubrirá los ingredientes de legumbres y cereales. Como probablemente las verduras se conviertan en blanco de rechazos, yo uso vitaminas en el segundo año como una "muleta" —para olvidarme de ellas.

GUÍAS

Para evitar que las horas de comer sean de lucha, un padre podría ensayar estas sugerencias:

1. Mantenga horas regulares de alimentación, sin golosinas entre comidas.

2. Insista en un tiempo máximo de 20 minutos en la mesa. Luego baje al niño y guarde la comida.

3. Déle al niño pequeñas porciones de comida cada vez. Cuando el niño las acabe, déle más. Apenas el pequeño empiece a jugar con los alimentos, finalice la comida.

4. Evite poner demasiado énfasis en la comida, tratando de no averiguar lo que el niño comerá o lo que quiere comer. Aunque quizá la lleve a usted de un alimento a otro, es posible que no sea otro alimento lo que realmente esté buscando, sino la emoción que le produce su conducta provocadora.

9

EL SUEÑO

"¿Qué puedo hacer para que mi bebé duerma?" es una pregunta que me hacen en el consultorio por lo menos una vez al día. Por lo general, la pregunta es formulada en función de la supervivencia de los padres, porque cuando buscan mi consejo, ha habido una larga historia de confusión durante las horas de la noche —cuando uno u otro de los padres se despierta a las 2 ó 3 de la mañana, arrastrándose al cuarto del niño y luego cantándole, meciéndolo, engatusándolo, para lograr que regrese a la cama.

El niño, por su parte, está atractivo, simpático y lleno de encanto; ya durmió y está listo para varias horas de juego. Cuando su encanto deja de surtir efecto ante la desesperación de su padre o su madre, puede recurrir al lloriqueo o a los alaridos, como si tuviera verdadero dolor. O le puede dirigir una mirada acusadora al padre o a la madre que parece decir: "¿Cómo puedes dejarme solo sabiendo cuánto deseo que te quedes?".

Cuando estas artimañas parecen no tener éxito, puede angustiarse como si tuviera miedo de la cólera que les está produciendo a estos adultos usualmente tan cariñosos. A cualquier nivel, el urgente mensaje que transmite es que tiene necesidades que todavía no han sido satisfechas, y un mensaje así llega a traspasar cualquier barrera que los soñolientos padres puedan tratar de levantar.

Los padres me afirman que "ensayan cuanta cosa se les ocurre". Inclusive dejan que el niño llore hasta que se canse, pero abandonan este enfoque luego de varias noches en las cuales el llanto continúa durante una o dos horas y no da señal alguna de detenerse. Ensayan un biberón y una lamparilla que dejan encendida durante toda la noche; ninguno de los dos surte efecto. Pero llevarlo a la cama de ellos sí funciona —puede estar sentado ahí y jugar durante una o dos horas; y al menos ellos pueden dormir.

Como en nuestra cultura existe un tabú no escrito que no permite que un niño se meta en la cama de sus padres, muchas parejas trabajan muy duro para privarse de esta solución tan sencilla. Han descubierto que acudir al lado del niño antes de que éste se altere reduce el tiempo que luego necesita para tranquilizarse. A menudo me cuentan que van a mirar al niño cada dos horas a partir de las 2 de la mañana, a tranquilizarlo, a darle leche, a mecerlo un rato, logrando así que permanezca en su alcoba. Pueden calcular el momento de su visita con tanta precisión que solamente tienen que permanecer con él 30 minutos cada dos horas, mientras que si esperaran hasta que estuviera alterado y dando alaridos, ¡la visita duraría una hora!

¿Cuál es el problema? ¿A qué se debe que no todos los niños sean tan exigentes? ¿A qué se debe que en una misma familia todos los niños aprenden a dormir toda la noche, excepto uno? ¿Es esto señal de inseguridad del niño? ¿Es señal de que los padres no le dieron suficiente amor o no le prestaron suficiente atención durante el día? ¿A qué se debe que la mayoría de los bebés que se duermen a las 6 de la tarde se despiertan con regularidad hacia las 10 de la noche y reclaman la atención de sus padres?

LOS CICLOS DE SUEÑO

Quizás una mejor comprensión del desarrollo de los ciclos de sueño en la primera infancia dará las respuestas a algunas de estas preguntas. De acuerdo con estudios recientes emprendidos por los doctores Arthur H. Parmeles, Jr., de U.C.L.A., Thomas F. Anders de la Universidad de Stanford y Robert N. Emde de la Universidad de Colorado, todos los bebés tienen ciclos característicos de sueño ligero y profundo durante la noche. Durante los primeros meses, los períodos de sueño profundo van aumentando y los períodos ligeros, o períodos donde sueñan, van disminuyendo.

A la edad de 4 meses, los períodos van adquiriendo

un patrón —por lo general, un ciclo que dura tres o cuatro horas. En medio del ciclo hay 1 ó 1 $^1/_2$ horas de sueño profundo en las cuales el bebé se mueve muy poco y es difícil animarlo con cualquier estímulo. Durante una hora en cada extremo hay un estado más ligero, de sueños, donde la actividad va y viene. Y al final de cada ciclo de cuatro horas, el bebé alcanza un estado semialerta donde está muy cerca del estado de conciencia, y se despierta con facilidad. En este estado, cada bebé tiene su propio patrón de actividad —puede chuparse el dedo, gritar, mecerse o dar golpes con la cabeza en forma rítmica (una de nuestras hijas solía hacerle a su muñeca un recuento de todo su día cada 4 horas). Puede rezongar o hablar consigo mismo, o puede llamar a sus padres.

Toda esta conducta parece cumplir el propósito de descargar la energía acumulada durante las actividades del día, y de lograr que el niño entre en el siguiente ciclo de sueño. Cuando el bebé mismo puede manejar estos intervalos de semiconciencia, los ciclos de sueño se estabilizan y el niño empieza a extenderlos, de modo que, finalmente, puede permanecer dormido durante 8 y hasta 12 horas seguidas.

Los investigadores actuales han mostrado que la prolongación de estos ciclos depende del acondicionamiento del ambiente. Si el bebé crece en un ambiente que refuerza cada período alerta con una visita o una alimentación, no es probable que el pequeño extienda las horas de sueño durmiéndose por sí solo. Pero si el ambiente no le responde, se verá presionado a encontrar sus propios patrones que le permitan descargar energía y proporcionarse solaz, para entrar así en el siguiente ciclo.

Estos mismos investigadores han demostrado también que los ritmos de 24 horas ya están firmemente arraigados al nacer, habiéndose establecido en sincronía con los propios ciclos diarios de la mujer embarazada. Por lo general, no van paralelos al ciclo materno puesto que el feto duerme mientras la madre está activa, y se despierta cuando ella se acuesta. Pero el período de actividad de la madre lleva al del feto en el siguiente período. El recién nacido ya tiene un ritmo de dormir y de despertar. Después de nacer, el ambiente tiende a forzarlos a quedarse despiertos durante períodos cada vez más prolongados en el día, y a ciclos de sueño cada vez más largos por la noche.

Algunos niños —aunque el número es asombrosamente pequeño— llegan al mundo como si sus ciclos estuvieran invertidos. Por lo general, los padres tratan de forzarlos a que cambien, y la mayoría de los bebés empiezan a dormir ocho horas seguidas durante la noche a la edad de 5 ó 6 meses. Para mí, ésta es la principal evidencia de la habilidad innata del bebé de ser moldeado por su ambiente.

Los pocos bebés que no responden a estas sutiles pero firmes exigencias del ambiente siempre me han interesado, y he tratado de estudiar a algunos de ellos, a fin de conocer cuáles pueden ser los componentes de su incapacidad —porque, ciertamente, es una incapacidad en cuanto a los padres, puesto que sus propias necesidades de sueño están siendo violadas.

La mayor parte de los niños empiezan a dormir más de 4 horas sin despertarse a la edad de 3 meses, y un estudio del sueño normal en nuestra sociedad actual lo confirma. De acuerdo con esta investigación, el 70% de los niños norteamericanos duerme 8 horas por la noche a los 3 meses, y el 83% probablemente lo haga a los 6 meses; al año, sólo el 10% de los niños no duerme la noche entera.

¿A qué se debe que la mayoría de los niños parece que duermen toda la noche sin despertarse? Es probable que exista una combinación de influencias que estimule a la mayoría de los bebés a dormir largas horas durante la noche. Estas influencias van desde el esfuerzo de los padres por lograr que no los "molesten" de noche, hasta la necesidad misma del niño de extender los períodos de sueño en alguna parte del ciclo de 24 horas.

LAS CAUSAS POR LAS CUALES LOS NIÑOS SE DESPIERTAN DE NOCHE

¿Cuáles son los bebés que representan el 17% de los que no duermen la noche entera a la edad de 6 meses, y el 10 % de los que todavía no están durmiendo cuando tienen 1 año? Es probable que también aquí esté implicada una serie de factores. Por una parte, puede haber padres que no quieran separarse del bebé ni dejar que duerma en su alcoba y en su propia cama, y que se apresuran a ofrecerle su cama como una alternativa. Si ahí tampoco duerme bien, les resultaría más fácil hacer caso omiso de él que si estuvieran acostados en su cama, con sentimiento de culpa, en otro cuarto. Por otra parte, hay bebés de tres diferentes tipos temperamentales que parecen propensos a despertarse de noche.

Uno de estos tipos es el bebé muy activo, lleno de energía, y su afán por aprender es tal, que literalmente es incapaz de parar cuando está aprendiendo algo nuevo. De noche, la frustración de no poder llevar a cabo la tarea que tiene en mente —por lo general una actividad motriz como pararse o caminar— parece impulsarlo en forma tan intensa como de día. Por ejemplo, poco tiempo antes de empezar a caminar, cuando llega a un estado de semiconciencia, puede apoyarse en las manos y las rodillas y mecerse lleno de frustración, o bien levantarse agarrándose de la cuna incesantemente —y luego despertará. Despertarse de noche forma parte de la fuerza que marca cada nuevo acontecimiento evolutivo.

Por desgracia, este patrón puede no mitigarse cuando aprende a caminar, a menos que los padres empiecen a intervenir y presionen al niño para que domine su patrón de sueño durante la noche. Puede que esté igualmente frustrado con respecto a otras tareas y a otros pasos hacia el dominio en el segundo, el tercero, y en años posteriores; pero si el sueño se ha convertido en la forma de desahogar la frustración en el primer año, puede seguir cumpliendo este propósito. Cuando uno de estos bebés llega al REM* o sueño ligero, se despierta y necesita ayuda.

Si los padres duermen con estos niños con objeto de consolarlos, deben tener presente que estos ciclos de sueño REM ocurren con frecuencia durante la noche y son auto-limitados *siempre que* el niño pueda calmarse y lograr regresar luego a un sueño más profundo. Si está demasiado estimulado por la presencia de sus padres o si usa su presencia para despertarse y ponerse a jugar, puede, en efecto, convertir la noche en día, y bien podría poner en movimiento un círculo vicioso. El niño despierta; los padres se ponen tensos cuando tratan de tranquilizarlo, agregando su nerviosidad a la propia del niño, excitándolo así aún más; el niño percibe los sentimientos hostiles de sus padres y se queda despierto para fastidiarlos, para jugar, o para tratar de establecer un vínculo con ellos. Este patrón no consolará al niño ni contribuirá a la capacidad de los padres para criarlo durante el día.

Otro grupo de bebés que pueden despertarse de noche y tienen que ser consolados podría ser clasificado como "de bajo consumo motor" durante el día. Éstos son los niños tranquilos, avispados, observadores, que todo lo asimilan y reflexionan profundamente acerca de ello, y pueden no ser muy activos. No invierten una gran cantidad de actividad en sus horas diurnas, de modo que no se cansan como para dormir muy profundamente de noche.

---

* *Rapid Eye Movement:* movimiento rápido de los ojos (*N. del Ed.*).

Sus procesos sensibles de pensamiento pueden estar diseñados para aumentar el insomnio de noche, y cuando se presentan los ciclos REM pueden despertarse con facilidad. Si lloran o despliegan una actividad nerviosa en cada uno de estos ciclos, pueden sacar provecho del consuelo que les brinda la cama de sus padres. Si tanto ellos como sus padres sacan provecho de esta clase de proximidad, podría ser conveniente para todos. Pero cuando surja la independencia del niño en el segundo año, será el momento oportuno para considerar la posibilidad de presionarlo para que sea más independiente de noche.

La tercera clase de bebé que podría tener dificultades para acomodarse a un patrón de sueño razonablemente prolongado de noche, incluye al niño que tiende a ser sensible y que se altera fácilmente. Su sensibilidad a situaciones nuevas o extrañas hace que sea muy apegado, y sus padres pueden reforzar esta actitud sin darse cuenta. Con cada nueva situación absorbente —ya sea un nuevo paso evolutivo o una situación social exigente— es probable que experimente una regresión psicológica tanto de día como de noche. Como los padres de un niño así quieren ayudarle, quizá lo protejan de situaciones nuevas y exigentes. Quizá se apresuren a consolarlo cuando esté angustiado, muchas veces antes de que haya tenido la oportunidad de poner a prueba sus propios esfuerzos por enfrentarse con la situación. En esta forma, podrían transmitirle la sensación de que no puede enfrentar las cosas, que es realmente incapaz de satisfacer las exigencias de una situación nueva.

Comienza a verse a sí mismo como un ser humano impotente, y a causa de ello se vuelve más sensible y más dependiente.

Cuando el niño se despierta de noche, el patrón de sobreprotección podría afectar el comportamiento, tanto de los padres como del niño. Éste exige la presencia y el consuelo de los padres mucho después de que realmente pueda necesitarlos, y para los padres, a su vez, es difícil no darle gusto. Cuando se cansan y se enojan —con ellos mismos y con él— la sensibilidad del niño a la ambivalencia de ellos aumenta sus frenéticas exigencias, y la propia ambivalencia de los padres los lleva a satisfacerlas todas.

En repetidas ocasiones he quedado sorprendido y complacido cuando los padres me han consultado sobre un niño de esta clase. Cuando pueden aceptar lo que les digo y pueden presionarlo para que sea más autónomo de noche dándole un objeto preferido —un substituto de ellos que refuerza la autonomía del niño— les produce sorpresa el hecho de que el pequeño esté tan dispuesto a quedarse a solas. Así mismo, les causa asombro que el niño empiece a sentir y a actuar en forma independiente también durante el día.

LAS EXPECTATIVAS CULTURALES

Sin duda, los asuntos de autonomía e independencia a

menudo son la causa fundamental de los problemas de sueño. En parte, esto se desprende del hecho de que en nuestra sociedad la mayoría de los padres no están del todo preparados para desterrar a un bebé de 5 ó 6 meses a su propio dormitorio, a menos que él lo acepte de buena gana, aunque son muchas las fuerzas que presionan a un padre o a una madre para sentirse culpable de mantener el niño muy apegado a ellos durante demasiado tiempo. Cuando el bebé va creciendo, hay racionalizaciones sencillas para los padres que respaldan los sentimientos naturales de querer apegarse y de que se apeguen a ellos. Es seguro que la mayoría de los padres en el fondo de su corazón suspiran por sentir el calor de un bebé durmiendo a su lado. ¿A qué se debe entonces el hecho de que nuestra sociedad exija una separación de noche a tan temprana edad? Hay ahora una tendencia contraria en el libro de Tine Thevenin, *The Family Bed* [La cama familiar]*, de tener a toda la familia en una sola cama grande.

Me han dicho que en algunas partes de la India, la madre duerme sobre una estera redonda en el suelo. Todos sus niños pequeños se acuestan con ella en la estera y se levantan a voluntad durante la noche. Ella jamás se mueve. Los problemas de sueño no existen. La sabiduría tradicional dice que un niño se separará de la madre espontáneamente al cuarto año; hasta entonces es demasiado

---

* Minneapolis, Minnesota, 1977.

pequeño e indefenso como para esperar que no quiera tener a la madre a su lado de noche.

En el México de los mayas, donde mi familia y yo vivimos durante algún tiempo, observé que la madre dormía con el bebé a su lado, entre ella y su esposo, hasta que repentinamente se le ordenaba al niño acostarse en su propia cama. Esta abrupta obligación de que durmiera solo al otro lado de la choza, junto con la suspensión de darle continuamente el pecho y de cargarlo la madre en la espalda todo el día, se produjo en la mitad del segundo año. Si el niño se quejaba de alguna de estas medidas, no le hacían caso o lo castigaban. Si se deprimía, dejaba de comer y desarrollaba un síndrome de desnutrición llamado *kwashiorkor*, esto se atribuía a una enfermedad que contraían muchos niños. Nadie asociaba la repentina privación de los cuidados maternales con su depresión y su desnutrición. Nadie podía permitirse ese lujo, pues se presentaba cuando el siguiente bebé estaba por nacer, y en la cama ya no había espacio para el niño mayor.

En nuestra cultura esperamos que el niño sea independiente e individualista, capaz de adaptarse, curioso, y además, que tenga éxito desde temprana edad —y estas expectativas originan muchas de las prácticas que observamos en la crianza de nuestros hijos. Esperamos que nuestros bebés sean activos y curiosos durante el día e independientes de noche. Un bebé ideal es el que puede jugar todo el día, casi todo el tiempo a solas, pero que también está dispuesto a recibir educación cuando se la proporcionan según las condiciones de los adultos. Y de noche debe suspender toda actividad y dormirse pronto y en forma resuelta.

Todos podemos entender la forma como un bebé nos atormenta cuando se acuesta por primera vez. Sabemos que nos está embaucando la primera, la quinta o la sexta vez que entramos al dormitorio con agua o con la bacinilla, y lo hacemos con buena voluntad. Pero no nos parece nada fácil, ni siquiera tolerable, que nos despierte de noche, excepto en casos poco comunes y calamitosos. De modo que cuando un padre o una madre pierde regularmente una noche de sueño continuo, tiene que habérselas con sentimientos negativos hacia el niño. Para poder manejarlos y no manifestárselos directamente al niño, es preciso desarrollar defensas bastante fuertes. Los padres de un niño que tiene un verdadero problema de sueño desarrollan razones en su mente para explicar por qué deben responder a las necesidades del niño cuando reclama su presencia durante la noche. Esta tendencia está aumentando en nuestra cultura, porque es mayor el número de mujeres que trabajan durante el día y sienten la necesidad de estar con su bebé durante la noche. Muchos padres creen ahora que está bien que un niño de cualquier edad, ya sea un bebé o un niño de 4 años, duerma en la cama de ellos como una manera de evitar problemas de sueño, pero siguen siendo muy susceptibles a las críticas de sus amigos y de la sociedad que los rodea. Ninguno de los padres que acude a mi consultorio está dispuesto a confesarme que, como cosa de rutina, permite que su bebé se meta en la cama con ellos. ¿Por qué no? Tal vez creen que yo trataría de disuadirlos. Pero, más importante aún, yo creo que su renuencia se debe a que esto les produce inconscientemente sentimientos de culpa. De ser así, su ambivalencia en cuanto a tal práctica se le transmitirá al niño, y quizás éste sufra. Tal vez no entienda por qué, pero empezará a sentirse culpable de dormir con sus padres en un momento en que pudiera no ser capaz de cambiar tal hábito por sí mismo.

Al menos en nuestra sociedad, el hecho de poder dormir solo en la niñez es parte de ser una persona independiente. Si esto está bien o mal, ciertamente es discutible, pero es difícil para un padre o para un niño rechazar en este momento el consenso general de la sociedad sin el riesgo de perder el amor propio, y de sentir que es incapaz de realizar la tarea de establecer autonomía.

EL SUEÑO Y EL DESARROLLO DE LA AUTONOMÍA

En el primer año hay momentos previsibles en los cuales es probable que un niño empiece a despertarse de noche, a pesar de que anteriormente durmiera toda la noche. A los 8 ó 9 meses, y de nuevo al año, hay rápidos aumentos de conciencia cognoscitiva (de extraños o de situaciones extrañas, de lugares nuevos, de cambios en la rutina diaria) que coinciden con repentinos avances en el desarrollo motor, tales como gatear y sentarse a los 8 meses; ponerse de pie, caminar y trepar a los 12 ó 14 meses (véase el capítulo 3). Con este incremento en la actividad llega una nueva capacidad de escaparse de la base segura de papá y mamá.

La elección entre alejarse de sus padres o quedarse con ellos crea una especie de disonancia que puede perturbar a un bebé. Quiere la independencia y al mismo tiempo lo asusta la perspectiva de tenerla. Esta disonancia lo deja preocupado al final del día. Durante la noche, cuando llega a un ciclo de sueño ligero, muestra su desequilibrio llorando, y a menudo, poniéndose de pie en la cama.

Aprender a dormir solo de noche, sin lugar a dudas, está ligado a la tarea de aprender acerca de la independencia. Cuando los problemas de sueño se presentan, es probable que tanto a los padres como al niño les cueste trabajo creer que el pequeño pueda arreglárselas solo. Las madres que trabajan fuera de casa durante el día pueden invariablemente contar con un problema de sueño en una u otra época. Cuando es posible discutir este problema, he observado que la madre está atormentada por repartir su tiempo entre el empleo y su papel de madre. Cuando se presenta un hecho estresante que produce un período en que el niño se despierta, probablemente a la madre le resulte difícil presionar al niño para que se separe de ella de noche.

Judy Trail, una joven amable pero bastante tensa, se encontraba en mi consultorio con su esposo Tom y su hija

Lucy, de 18 meses. Antes de quedar embarazada por primera vez, Judy era la secretaria ejecutiva de un destacado abogado. Ella y Tom llevaban tres años de casados cuando decidieron tener un bebé. Pero el embarazo terminó en un aborto a los tres meses, y tanto a Judy como a Tom los sorprendió la desilusión que ambos sentían. Perder a su bebé constituyó un verdadero golpe.

Judy estaba empeñada en quedar nuevamente embarazada, y cuando descubrió que lo estaba, planeó con Tom cada paso, con obsesiva precisión. Ella cuidó su salud "a la perfección" y renunció a su trabajo cuando estaba en el sexto mes de embarazo, para no poner en peligro su posibilidad de completar el último trimestre. Después de su renuncia, la oficina mantuvo el puesto a su disposición durante casi un año. Cada vez que la llamaban para ver si estaba lista para regresar, Judy enfrentaba otra decisión sobre su elección de papeles: el de madre o el de mujer de negocios.

Lucy era un encanto. Era una niña hermosa y simpática; tenía un cuerpecito redondo, hoyuelos en los codos y las manos, y una mata de pelo suave y rizado que le daba un aspecto angelical. Tom y Judy la consideraron como una "persona" desde el comienzo. Aunque en muchos aspectos resultó un bebé fácil de manejar, era muy categórica y sus exigencias eran siempre tajantes. Durante las primeras semanas de su vida, pasó rápidamente de una actitud calmada y apacible de jugar a solas, a un grito agudo y de reclamo que hacía que sus padres corrieran a su lado de inmediato. De una manera nada vacilante les hacía saber a Judy y a Tom cuándo tenía hambre y cuándo estaba aburrida o cansada.

En el segundo año, con esta combinación de padres que desesperadamente querían hacer las cosas "bien" y una niñita de carácter resuelto, surgió un problema con respecto al sueño: Lucy se ponía a protestar cuando la acostaban y cuando se despertaba durante la noche. Judy y Tom ensayaron todos los procedimientos rutinarios sugeridos por su biblioteca de libros sobre bebés. La mecían, la abrazaban amorosamente, le daban alimentaciones adicionales, se sentaban en desesperado silencio en la sala de estar con la esperanza de que sus esfuerzos surtieran efecto, dejaban encendida la luz en la alcoba de Lucy y apagaban la del dormitorio de ellos, se acostaban en un catre en el cuarto de la pequeña, y, por último, reajustaron su vida para adaptarse a Lucy. Todas las noches ésta terminaba metiéndose en la cama de ellos. Ninguno de los tres dormía. Todos estaban agotados y cuando vinieron a verme habían llegado al límite de sus fuerzas.

Judy y Tom enfocaron las preguntas en cómo podrían manejar el problema a la hora de acostarse y en la última determinación de Judy —dejar a Lucy en un preescolar o al cuidado de "cualquier" persona para poder regresar al trabajo y recobrar su cordura.

Para que Judy y Tom pudieran entender por qué se estaban esforzando tanto por ceder a las protestas de Lucy a la hora de acostarse, era preciso que sacaran a la luz sus sentimientos complicados relacionados con la decisión de separarse de la niña. Como anteriormente habían perdido un bebé, abrigaban temores inconscientes de que también perderían a Lucy. Aunque sabían que era en beneficio de Lucy que aprendiera a conciliar nuevamente el sueño de noche, también tenían la sensación —que tienen muchos padres en nuestra cultura indecisa— de que en alguna forma el niño está en mejores condiciones que los padres de saber lo que necesita, o de que en alguna forma hay que pasar por alto las necesidades de ellos.

Cuando discutíamos estos problemas, Judy admitió cuán profundamente la afectaba haber fracasado manejando a Lucy, y cuánto anhelaba regresar al trabajo para llegar a un lugar en donde sentía que tenía éxito; y Tom reveló una gran cantidad de ira oculta —consigo mismo, con Lucy y con su esposa— por ser incapaz de solucionar este problema. Empezamos a hablar sobre lo que estos sentimientos de airada desesperación de su parte debían significar para Lucy. Estaban de acuerdo en que ella había cambiado; era una niña resuelta y se había convertido en una niña insegura y aferrada, como si estuviera tratando desesperadamente de calmar la tensión que percibía en sus padres.

Discutimos la importancia para Lucy de tener una apreciación sólida de sus propios méritos y de su autonomía, e igualmente el hecho de que esta clase de autonomía no podía basarse en que ellos le dieran gusto en todas sus exigencias o caprichos. Para que la niña pudiera desarrollar criterios sobre sus propias fuerzas, necesitaba conocer los límites. Y los límites más seguros probablemente vendrían de sus padres —en especial cuando ella empezaba a usurpar las necesidades de éstos.

Les recomendé encarecidamente a Judy y Tom que, en primer lugar, decidieran que en verdad querían ayudar a Lucy a resolver el problema del sueño. Para poder hacerlo, necesitaban ver que Lucy podía beneficiarse aprendiendo a ser independiente de noche. Y tenían que ponerse de acuerdo al respecto antes, pues Lucy percibía con suma facilidad cuándo ella alteraba sus relaciones. La noche es un tiempo donde los adultos son vulnerables, y los ánimos están enardecidos. De modo que necesitaban ponerse de acuerdo sobre un régimen y sobre cómo lo manejarían para ser consecuentes con ella.

Si Lucy podía "aprender" a adoptar a un objeto —una muñeca, una manta especial o un determinado juguete— durante el día como algo "suyo", podía empezar a recurrir a él cuando estuviera cansada, o aburrida, o cuando tuviera hambre. Eso bien podría implicar que Judy y Tom tendrían que presionarla para que lo usara en tales ocasiones. Podría ser necesario decir cosas como: "Ve a buscar tu muñeca, y luego puedes sentarte en mi regazo". O: "Puedes sentarte y mecerte con tu amigo mientras yo preparo la cena. Ya eres una niña grande". Cuando sugerí esto, Judy dijo: "¡Pero ya tiene diez o veinte juguetes en su cuna! No la ayudan para nada". Aseguré a Judy que diez o veinte no eran lo mismo que un solo juguete especial, y sospechaba que la habilidad de Lucy para recurrir a uno solo en realidad nunca se había puesto a prueba. Judy admitió que nunca había esperado que Lucy fuese independiente ni de día ni de noche.

Después de fijar la obligación para las horas del día y de establecer el objeto como substituto confiable de su mamá, Judy y Tom podrían alabar a Lucy por su habilidad para consolarse a sí misma. Luego podrían prepararla para ser independiente de noche.

El primer paso era asegurar que la niña sabía que debía quedarse en su alcoba, y, después, que tenía que dormirse allí por sí misma. Mis sospechas implicaban que, al principio, uno de los padres tendría que quedarse con ella hasta que se durmiera, cuando hubieran concluido su ritual a la hora de acostarse. Les recomendé que debía quedarse quien estuviera más decidido a que ella aprendiera a dormirse sola.

Una vez que hubiera aprendido a conciliar el sueño en su dormitorio, podían dejarla para que se durmiera sin ellos. Si trataba de salirse de su cama para ir donde ellos, debían llevarla de regreso a su dormitorio. Cuando aprendiera a quedarse en su alcoba, podrían presionarla para que recurriera a su objeto amado. Cuando se despertara, debían dejarla gradualmente durante 5 minutos, luego 10, luego 15, y decirle que buscara su juguete y que ellos estaban ahí, pero que debía dormirse sola. Al comienzo tendrían que ir a su lado, pero no debían recompensarla alzándola, jugando con ella o dándole de comer. Cuando aprendiera que el asunto era en serio, empezaría a aprender su propia rutina para que, en forma independiente, lograra pasar del sueño ligero al sueño profundo. Su juguete constituiría una muleta real y siempre presente. Cuando al fin lo lograra, tanto ella como sus padres se sentirían enormemente recompensados. Era una tarea ardua, pero la independencia y la autonomía que ellos establecieran de noche sería más que compensada durante el día. Padres e hija prosperarían con una noche de sueño.

Nuestro trabajo en mi consultorio se centró en la tarea de lograr que Judy y Tom se pusieran de acuerdo para apoyarse mutuamente. Se decidió que Tom acostaría a Lucy de noche, Judy iría al lado de ella la primera vez, y Tom la segunda. Cuando resolvieron ponerse de acuerdo sobre adoptar una rutina, Lucy parecía haberlo percibido. Le puso a su muñeca el nombre de "Mawy", y Mawy se convirtió en su fiel compañera. Mawy empezó a cumplir su propósito de noche, unas dos semanas más tarde. Tom me llamó a la semana de haber empezado a presionar a Lucy de noche, para contarme que parecía un milagro. Había aceptado a Mawy como un substituto y parecía estar más aliviada que ellos de poder dormirse sola y de quedarse en la cama cuando se despertaba. Había dejado de llamarlos al cabo de cuatro noches, y todos estaban durmiendo profundamente. En efecto, parecía un milagro, pero yo sabía que cuando la tensión entre ellos estuviera resuelta, lo más probable era que el problema de sueño se solucionara solo. Tom agregó que Lucy parecía más persona y orgullosa de sí misma de lo que ellos tenían derecho a esperar. El aprendizaje para dormir de Lucy, había sido un proceso de maduración para todos.

LA CAMA FAMILIAR

En el ejercicio privado de la pediatría y en mi trabajo hospitalario, he visto los problemas que pueden crearse en familias enteras cuando un niño está despierto y reclama atención durante la noche. Yo sabía que estas familias necesitaban ayuda, y que si me era posible proporcionarles una base para entender los problemas que entran en juego, eso contribuiría a mejorar su relación con su hijo. Lo que no sabía era el número tan grande de padres que creen que no hay que ayudarle a un niño a aprender a dormir solo de noche.

Estos padres consideran que dormir solo es una costumbre que nuestra sociedad les exige injustificadamente a sus niños pequeños y que no beneficia *necesariamente* a los niños. Y afirman que no sólo discrepan del principio de que un niño debe dormir solo de noche, sino que consideran que cuando un pequeño los necesita de noche es más importante estar con él que preocuparse por ajustarse a las normas, sean éstas correctas o no. Sostienen que la presencia del niño en la cama de ellos no les molesta y que, en realidad, a ellos y a él les gusta de verdad estar juntos de noche como una familia. Es más: me aseguran que el niño llega a una edad cuando deja el hábito de dormir con sus padres —sin cicatrices psicológicas— y mencionan casos de niños mayores que ya lo han hecho. En pocas palabras, estos lectores no consideran que despertarse de noche sea un problema; en cambio, consideran la separación del niño durante la noche como un factor que puede contribuir a tal problema.

Me impresionó aquel punto de vista y he aprendido muchísimo de él. Ante todo, percibo cuán razonable es lo que estos padres están diciendo. Concuerdo con su preocupación de que los problemas de sueño podrían indicar que el niño está pasando por una época de estrés y que abandonarlo en ese momento podría no ser necesariamente la mejor forma de manejar el problema. A mí también me inquieta la posibilidad de que nuestra cultura esté exigiendo demasiado a los niños pequeños. Sin embargo, también creo que es preciso tener en cuenta las necesidades de los padres, lo mismo que la meta final que ellos fijaron para el niño: la autonomía y la habilidad de adquirir seguridad en sí mismo. Mientras exista la posibilidad de enfrentar estos temas en forma directa, me parece que hay razones válidas para tratar los problemas que estos padres plantean.

Cuando escribí un artículo sobre el sueño para la revista *Redbook*, los padres adujeron algunos argumentos específicos en respuesta a mi sugerencia de que ellos podían mitigar el golpe que representa separarse del niño durante la noche, ofreciéndole un objeto especial como substituto de su presencia. Un lector escribió lo siguiente: "Si usted programa a nuestro hijo para que se relacione con cosas, para que dependa de cosas, para que aprecie más las cosas que las personas, ¿debería sorprendernos que ese patrón continúe cuando sean adultos?".

Los padres señalaron que en muchas otras culturas el niño tiene fácil acceso a la cama de sus padres. La señora Kendall Keutzer de La Moille, Illinois, expresó un punto de vista compartido por muchos: "¿No es triste que el sentido de amor propio de la madre dependa más de lo que dicten las masas que de lo que ella misma crea como correcto para ella y su hijo? ¿Qué pasó con la autonomía y la individualidad de los adultos?".

Quizá sea hora de revaluar nuestras ideas sobre la forma de manejar los problemas de sueño en nuestra cultura. ¿Cada familia debe tratar a sus hijos en la misma forma? ¿Hay necesidad de que presionemos a todos los bebés y niños pequeños para que se separen de la cama familiar y para que duerman solos en su dormitorio? Siguiendo esta costumbre, ¿estamos fomentando nuestro objetivo declarado de crear niños autónomos, o estamos impulsándolos hacia un tipo diferente de dependencia —la dependencia de un objeto o temores innecesarios de que los dejen solos cuando más pudieran necesitar a un padre que los consuele? Cuando tantos padres han descubierto que apresurar esta temprana separación no funciona ni para ellos ni para sus bebés, ¿no debiéramos revaluar nuestra posición? Quizá debamos hacerlo.

Pero también debemos considerar algunos de los problemas potenciales. ¿Debemos preocuparnos, por ejemplo, de que un niño sea más dependiente durante el día si sus padres lo mantienen cerca de noche? No estoy seguro de que tenga que ser así —pero podría constituir una trampa, y les recomiendo encarecidamente a los padres que tengan cuidado. Por otra parte, si los intentos del niño por lograr la independencia van bien durante el día, podría no haber necesidad de preocuparse por esta posibilidad.

¿Será que el hecho de compartir la cama con sus padres cuando pequeño haga más difícil para el niño separarse de ellos posteriormente? La teoría psicoanalítica sugeriría que un niño podría no querer separarse de su madre y su padre, podría continuar aferrándose a la cama de ellos, y cuando vaya creciendo y sus sentimientos de Edipo se vayan haciendo más fuertes, podría creer que puede interponerse entre los dos.

Para contrarrestar esta tendencia del niño, insto a los padres que deseen continuar compartiendo su cama a asegurarse de que ambos lo consideran confortable, tanto para ellos como para el niño. No cabe duda de que su presencia puede interponerse entre ellos si se le permite continuar durmiendo ahí; y si continúa, el niño sufrirá más de lo que habría sufrido si lo hubieran acostumbrado poco a poco a dormir en su alcoba. Por consiguiente, si los padres no se sienten a gusto y no están de acuerdo con esta práctica, estoy seguro de que será perjudicial para el desarrollo futuro del niño si se permite que, con el tiempo, se convierta en algo molesto. Como resultado, les recomiendo encarecidamente a los padres que discutan las medidas en forma abierta y razonable, a intervalos regulares. Es indudable que la buena relación de los padres puede ser más decisiva para el desarrollo de un niño que el manejo de cualquier parte de su día o de su noche.

Al mismo tiempo, hay que observar al niño para ver si muestra tensión con respecto a dormir con sus padres. Sospecho que, con el tiempo, empezará a mostrar que ya no necesita su consuelo de noche y manifestará la necesidad de esta clase de independencia. Si uno puede inferir de otras culturas (India y México, por ejemplo, donde es común que los niños duerman en la cama de los padres), al parecer, el tercer o cuarto año sería el momento oportuno para observar cualquier señal de que el niño está listo para dormir solo, aun cuando no haya podido hacerlo antes. Será responsabilidad de los padres proporcionarle el estímulo necesario —hablarle cuando se acuesta, darle un juguete amado para que le haga compañía, dejarle encendida una luz de noche. Si procuran que el abandono de la cama paterna sea gradual, la transición podría ser fácil. Yo me preocuparía de la imagen que un niño mayor pueda tener de sí mismo si todavía necesitara estar demasiado cerca de sus padres durante la noche. Bien podría experimentar posteriormente una separación más difícil.

He tratado de reconsiderar los aspectos de dormir con un bebé que pueden afectarlo en su desarrollo fundamental, a la luz de los reparos que muchos padres han planteado. Entre tanto, sospecho que a la mayoría de los padres les resultará más fácil suponer que sus bebés dormirán solos y presionarlos sutilmente para que lo hagan.

Si esto no funciona en el caso de determinado bebé, y si el niño o sus padres se ven perturbados de noche porque el bebé los necesita, y si compartir su cama con él les puede resolver el problema a todos, deberían considerarlo como una alternativa. Por otra parte, si la presencia de ellos no ayuda al niño, y si el problema altera a toda la familia (no he mencionado lo que debe significar para los hermanitos el hecho de que un niño se apropie de la cama de los padres), más vale que el asunto se reconsidere.

Estoy convencido de que adquirir independencia de pensamiento y de acción es una meta crítica en la infancia, y les recomiendo encarecidamente a los padres que consideren el sueño como una de las áreas principales donde los niños deben lograr esa independencia. Por último, que un niño duerma solo o con sus padres quizá puede no ser tan crítico como lo es el aprender a conciliar nuevamente el sueño cuando tiene períodos donde se despierta de noche.

Después de 30 años en el ejercicio de la pediatría, estoy convencido de que si bien la independencia puede no ser una meta de fácil aceptación para los padres, es una meta emocionante y gratificadora para el niño. El hecho de ser capaz de desenvolverse solo de noche ayuda al niño a desarrollar una imagen positiva de sí mismo y le proporciona una verdadera sensación de fortaleza durante el día.

Sobra agregar que los padres no deben ejercer esta clase de presión de noche sin antes hacer un verdadero esfuerzo por aumentar el amor propio de su hijo y respaldarlo emocionalmente durante el día —y que cuando el niño realmente ponga algo de su parte para alcanzar el objetivo, se merece todo el crédito y el cariñoso elogio que usted pueda darle.

GUÍAS

Antes de que puedan modificarse los hábitos de sueño de un niño, ambos padres deben estar convencidos de que esto es importante. Luego, resulta acertado elegir un momento en el cual los hechos estresantes en las horas del día sean mínimos —cuando el niño ya pueda ponerse de pie o caminar, cuando sus hermanos mayores no lo molesten, cuando no esté tratando de acostumbrarse a la presencia de un nuevo bebé en la casa, cuando no esté asistiendo a un nuevo colegio, cuando no esté aprendiendo a usar el inodoro. Entonces los padres pueden planear un programa gradual para ayudarlo a ser autónomo de noche y a dominar la tarea de volver a pasar a intervalos regulares, de un sueño ligero a uno profundo, durante la noche.

Las siguientes sugerencias podrían ayudar a una

familia a alcanzar este objetivo, pero tenga presente que ellas dependen de la situación individual, y en particular, del mismo niño. Así mismo, tenga presente que estos pasos deben darse uno por uno y lentamente, a través del tiempo.

1. Hay que revaluar todo el día. ¿Duerme el niño demasiado tiempo o en horas avanzadas de la tarde, o ambas cosas? Yo encarezco que las horas de siesta se inicien temprano (alrededor de la 1 de la tarde) y que duren sólo 1 ó 2 horas como máximo. Si el niño tiene más de 2 años, elimine la siesta por completo. Cualquier descanso o siesta después de las 3 de la tarde romperá el ciclo de actividad y disminuirá la necesidad de un sueño continuo y profundo durante la noche.

2. Asegúrese de haber establecido una rutina relajante, llena de atenciones afectuosas, a la hora de acostarse. Si el niño es lo suficientemente grande, háblele en ese momento sobre los pasos que usted está a punto de dar, para ayudarlo así a dormir solo y durante toda la noche.

3. En la noche, despiértelo antes de que él la despierte a usted. En ese momento usted puede repetir la rutina seguida a la hora de acostarse —hablarle, abrazarlo cariñosamente, darle un biberón o el pecho si eso ha formado parte de la rutina. Al despertarlo, usted hace dos cosas: le quita el control de la situación y tranquiliza su propia conciencia, de modo que si el niño se despierta más tarde, a usted le será difícil usar sus viejas

racionalizaciones, es decir: "¿Estará él bien? ¿Tendrá hambre? ¿Habré hecho lo correcto?".

4. Refuerce un objeto particular —una manta, un animal de peluche, inclusive un biberón si lo necesita. Más tarde, el biberón puede ser amarrado al objeto, y cuando se elimine, el objeto puede tomar su lugar (los odontólogos están en pie de guerra respecto a permitirle a un niño dormir con un biberón lleno de leche en la boca —dicen que eso contribuye a un serio problema de caries). El objeto se convierte en un substituto simbólico de usted; cuando usted acuesta al niño de noche y cuando va a verlo más tarde, puede mostrárselo e inclusive puede animarlo a que lo tome. Siempre me asombra la facilidad con que un niño puede aceptar un objeto como substituto. A propósito, varios juguetes en la cama de ningún modo constituyen un refuerzo para un objeto particular —diluyen su valor y su significado— así que no le aconsejo darle un montón de juguetes cuando inicie este esfuerzo.

5. Cuando usted haya preparado al niño para el programa y esté realmente lista para iniciarlo, debe estimularlo lo menos posible cuando se despierte. Si ha estado sacándolo de su cama para mecerlo, no lo haga; cálmelo y acaríciielo con la mano, pero déjelo en la cama. A él no le gustará, pero entenderá. Permanezca al lado de su cuna y dígale que él puede y debe aprender a volver a dormir.

Si está aprendiendo a ponerse de pie y no está dispuesto a volver a sentarse solo, dóblelo para mostrarle que él mismo puede hacerlo. Si se vuelve a levantar, déjelo de pie. Aprenderá rápidamente a bajarse de nuevo si sabe que usted habla en serio.

Déle el objeto amado que la substituye y asegúrese de que permanezca en su cama. En otras palabras, amarre el objeto a su cuna con una cinta, puesto que él lo arrojará afuera, y usted tendrá que regresar para devolvérselo. Cuando él vea que usted quiere que sea su substituto, lo aceptará.

6. Luego de un período donde usted va a verlo cada vez que se despierta, empiece a quedarse fuera de su alcoba y háblele de lejos. Dígale que usted está ahí, que lo quiere, pero que no irá a donde él, y recuérdele que tiene su objeto preferido. Me asombra ver cómo un niño puede aprender a aceptar nuestra voz a cambio de nuestra presencia.

7. Por último, permítale ensayar todos sus propios recursos. Espere por lo menos 15 minutos antes de entrar en su alcoba por primera vez o la siguiente. Luego trátelo sin mostrar mayor interés, repitiéndole el régimen poco emocionante que he trazado anteriormente y presionándolo de nuevo para que acepte el objeto de su predilección.

TERCERA PARTE

PROBLEMAS
PSICOSOMÁTICOS

10

DOLORES DE ESTÓMAGO
Y DOLORES DE CABEZA

Los niños necesitan manifestar de muchas maneras la tensión inherente al proceso de crecimiento. Hay algunos síntomas de tal tensión, que son lo suficientemente comunes en niños normales como para que se justifique explicarlos a todos los padres en forma más detallada. Parecen ser una forma como el niño manifiesta la tensión o frustración, o una manera de llamar la atención. Puesto que estos síntomas son tan comunes y previsibles a ciertas edades, vale la pena examinarlos. Pueden convertirse en problemas psicosomáticos crónicos, pero no hay necesidad de que sea así. Pueden ser el reflejo de tensiones pasajeras para el niño, y los padres harían bien en escuchar teniendo esto presente. También es probable que estén asociados con la edad y con una manifestación del estrés inherente al proceso de crecimiento.

Todo niño tiene un "talón de Aquiles" —un órgano que responde al estrés creando síntomas que se convierten en el medio al cual recurre para descargar cualquier presión poco frecuente y común en su vida. A algunos niños les produce dolores de cabeza, a otros dolores de estómago; otros pueden desarrollar resfriados o una tos crupal persistente. El papel de los padres es escuchar al niño, estar conscientes de los síntomas como una manifestación del estrés. Si las causas del estrés pueden ser aliviadas, el padre o la madre puede ayudar en esta forma. Si no, el síntoma puede ser discutido con el niño, diciéndole que es su manera de manifestarse cuando está sometido a presión. Al discutirlo con él, el padre aliviará la inquietud que acompaña el síntoma y dará al niño una oportunidad de entenderse a sí mismo. Nunca deja de asombrarme la temprana edad en que un niño puede entenderse a sí mismo y lo importante que es para él tomar conciencia de sus propios mecanismos para manejar el estrés. Si un niño se conoce a sí mismo puede evitar que síntomas tales como los dolores de cabeza o los estomacales se conviertan en problemas psicosomáticos recurrentes e incontrolables.

DOLORES DE ESTÓMAGO

Laura sujetaba su estómago regordete cuando se quejaba de dolor en mi mesa de exámenes. Era una niña hermosa de 4 años, de cabellos rubios y rizados. Había abandonado su fiesta de cumpleaños para venir a mi consultorio. Presentaba un aspecto tan saludable que resultaba difícil creer que tuviera una obstrucción intestinal. Pero su madre y yo no habíamos podido descartar esa posibilidad en nuestras dos conversaciones telefónicas.

Laura había tenido varios ataques de dolor de estómago en meses recientes. Cada vez eran peores. El dolor estaba localizado en la mitad del estómago, justamente debajo de la cavidad torácica. En ninguno de los casos había razones obvias para ellos. No parecía que hubiera podido comer algo fuera de lo común que se los produjera. No estaban relacionados con las horas de comer ni se presentaban a una hora especial del día. En todos los casos duraban 1 ó 2 horas, y su intensidad parecía aumentar cuando ella y su madre se preocupaban por ellos. Pero nunca eran lo suficientemente severos como para que nos decidiéramos a hospitalizarla.

La señora Smith me había llamado cuando se presentó el primer ataque, y le hice las preguntas que me ayudarían a tomar una decisión respecto a si era o no algo serio. Primero quería saber si tenía estreñimiento o una infección aguda en los intestinos. ¿Había tenido recientemente una evacuación intestinal? En caso afirmativo, ¿la deposición era demasiado dura o demasiado blanda? Los niños de la edad de Laura tienden a sufrir de estreñimiento. Con frecuencia se les olvida ir al retrete, e inclusive se resisten a la imperiosa necesidad de evacuar el vientre cuando están ocupados jugando con un amigo

fascinante. Muchas veces pueden llegar a padecer estreñimiento crónico sin que sus padres se den cuenta, si se
les sigue "olvidando" durante varios días. Son pocos los
padres con hijos de la edad de Laura que están pendientes
de que vayan al retrete. Como dijo la madre de Laura, "Es
demasiado grande como para estar encima de ella, y si
lo hago, más aguanta las ganas de ir al baño". Es probable
que haya estado estreñida durante varios días. También,
que esté eliminando materia fecal líquida alrededor de
una masa compacta más dura en el intestino grueso. Su
madre podría interpretar ese líquido como demasiado
blando para representar un estreñimiento. Pero no es así.
Podría estar estreñida y tener una deposición líquida al
mismo tiempo. Yo había solicitado a la señora Smith que
investigara eso, y la insté a que observara las deposiciones
de Laura con esa posibilidad en mente. La señora Smith
me tranquilizó al informarme que recientemente había visto una deposición blanda y que Laura no estaba estreñida.

Pedí a la señora Smith que presionara el estómago
de Laura para ver si le dolía antes de tomarse la molestia
de llevarla a mi consultorio, porque muchos, muchísimos
niños de esta edad sufren de dolores estomacales. Estos
dolores son comunes, y muchas veces es difícil saber si
revisten o no seriedad. Las maniobras para ayudarme a
determinar cuáles niños requieren ser examinados, son tres:

1. Cuando la madre haga su propio examen de la
   evacuación intestinal más reciente, si no está segura de

que el dolor es el resultado de un ataque de estreñimiento, quizá sea necesario forzar al niño a producir otra evacuación. No es prudente administrar un laxante en este caso, porque podría aumentar la seriedad de la obstrucción. De modo que hay que considerar la necesidad de provocar una evacuación administrando un supositorio, si el dolor es lo suficientemente preocupante. En caso de una apendicitis o alguna obstrucción real, es muy poco probable que un niño pueda producir una evacuación intestinal, aun con ayuda. Una obstrucción evita todo paso de las heces. Si uno no está seguro de que el dolor obedece a una lesión seria, tal vez sea necesario aplicar un supositorio o una lavativa para descartar la posibilidad de una obstrucción. Si después de esto se produce una evacuación intestinal, ciertamente puede excluirse la posibilidad de una obstrucción real.

2. Mientras distrae al niño, con la mano presione todas las partes de su abdomen, con suavidad y profundamente, para localizar el foco del dolor. Su pared abdominal automáticamente protegerá un área de dolor. Si el dolor es causado por la inflamación del apéndice o por otra obstrucción inflamada, la pared abdominal se irrita lo suficientemente como para que uno no pueda abrirse paso a través del espasmo muscular. La parte del abdomen que está en dificultades se pondrá dura como una tabla. Si hay inflamación en una parte

del intestino, la presión en cualquier parte del estómago, aun lejos de él, causará un dolor indirecto en el área irritada. Los padres deben distraer al niño y palpar todo el estómago en forma suave pero persistente. Para distraer al niño, la madre puede sentarlo en su regazo para que vea televisión o leerle un cuento. Si el niño continúa protegiéndose el estómago y quejándose, el problema puede ser serio.

3. Las glándulas inflamadas a causa de una infección del aparato respiratorio superior con frecuencia causan dolores que parecen un dolor estomacal oclusivo. Para descartar esta posibilidad, ensayo otra maniobra antes de ver a un niño. Una aspirina sencilla aliviará el dolor de las glándulas inflamadas. Al cabo de una hora, una madre puede ver que el abdomen del niño está mejor. Si hubiera obstrucción, la aspirina surtiría poco o ningún efecto. Como uno de los síntomas más comunes de un resfriado es el dolor de estómago, esta práctica resulta útil para eliminar tal posibilidad.

El primer ataque de dolor de estómago de Laura desapareció una hora después de darle una aspirina, de modo que no tuve que verla. Lo mismo sucedió la segunda vez. La señora Smith me había llamado cada vez que se presentaba el dolor y yo la tranquilizaba asegurándole que no era necesario que viera a su hija. La tercera vez, la señora Smith ensayó todas mis sugerencias —el supositorio, la aspirina y las maniobras de distracción para palparle el estómago. Laura continuaba quejándose, así que tuve que verla.

Tenía la opción de enviarla directamente al hospital, sin verla. Pero sé qué sucede cuando no se puede hacer un diagnóstico seguro de su estómago. Si seguía con dolor, tendrían que sacarle radiografías y hacerle exámenes para ver si había evidencias de una obstrucción. A la edad de Laura, yo sabía que en el hospital estaría preocupada y podría no permitirles un examen apropiado. Ella confiaba en mí, y yo sabía que podía manejarla más fácilmente que un extraño. Como la incidencia de dolores estomacales serios es asombrosamente baja, quería examinarla en persona para evitar en lo posible una hospitalización. De los numerosos pacientes con severos dolores estomacales que atiendo, sólo uno o dos al año requieren de cirugía.

Le palpé el estómago para averiguar dónde estaba localizado el dolor. Laura me miró con malicia cuando traté de distraerla del dolor en su estómago. En mi mesa de exámenes parecía muy preocupada por lo que le estaba pasando. Gemía tan convincentemente que sentí una enorme necesidad de ayudarla. Su madre estaba ahí parada, observándonos con ojos llenos de angustia. "Estoy segura de que no puede estar fingiendo. Nunca habría abandonado su propia fiesta de cumpleaños para que usted la examinara. ¡Durante semanas ha estado aguardando el día de su cumpleaños con mucha ilusión! ¡Y ni siquiera alcanzó a apagar las velas, ni a comerse su torta!". Al recordar lo sucedido, los gemidos de Laura se hicieron más intensos. Incluso cuando me le acerqué, se puso a hacer muecas de dolor y se protegía el estómago. Estaba tan preocupada que tenía la pared muscular del abdomen demasiado tensa para que yo pudiera palparla como es debido. No podía distinguir si esto se debía al dolor.

Coloqué a Laura en el regazo de su madre, mientras sostenía a su osito de peluche. Le dije que también quería palparle el estómago al osito. Le pedí que doblara las piernas sobre el estómago. Le puse la mano firmemente en el abdomen, pero sin hacer presión. Entre tanto le aseguré que no le iba a hacer daño y que me encargaría de que su dolor de estómago se "arreglara". Me miró con angustia respecto a lo que yo pudiera encontrar. Cuando escuché con mi estetoscopio, me tranquilicé. Había sonidos intestinales en todo su estómago. El gorgoteo y el gruñido que acompañan la actividad intestinal disminuyen o desaparecen en un área inflamada u obstruida. Cuando se está desarrollando una apendicitis aguda, los sonidos intestinales desaparecen.

Le pedí que sostuviera a su adorado osito de peluche para que yo pudiera ver dónde le dolía. Ella me aseguró que el osito no tenía dolor de estómago. Cuando ella lo estaba sosteniendo, le presioné el estómago relleno de aserrín, y él soltó un chillido. Ambos nos reímos, y le presioné otra parte del estómago. ¡Ningún chillido! Esto nos dio más risa todavía. Entre tanto, con la otra mano le había estado palpando el estómago a Laura. Cuando me observaba jugar con su osito de peluche, reclinada en los brazos protectores de su madre, se había relajado. Distrayéndola, pude palpar su abdomen para tranquilizarme yo mismo y tranquilizar a su angustiada madre, viendo que la niña estaba bien.

Apenas supimos que el problema no era serio, pudimos tranquilizar a Laura. Casi de inmediato empezó a jugar por todo mi consultorio. Su juego activo contrastaba con la desdichada niñita que había llegado unos minutos antes.

Para estar seguro de que no había ninguna otra razón física que explicara sus dolores de estómago que yo debía tratar, hice que me diera una muestra de orina. Una causa bastante común del dolor abdominal en niñas pequeñas es una infección urinaria aguda. Esta posibilidad siempre debe ser investigada. El examen de orina de Laura resultó negativo, lo cual era una evidencia más de que no había causa física ninguna para su dolor. En este momento, ciertamente, no daba la impresión de tener dolor alguno.

¿Acaso ella fingió estar enferma? ¿Se estaba encaminando hacia un trastorno psicosomático? En absoluto. Casi todas las niñas de 4 y 5 años pasan por períodos de dolores estomacales en una u otra época. La probabilidad de que los niños tengan esos dolores es mucho menor. Muchos de estos dolores son tan severos que es preciso distinguirlos de los que necesitan atención mediante una visita al consultorio, justamente como era el caso de Laura. Cuando se tornan más intensos, todo el mundo se angustia. Es de importancia crucial que esa angustia sea desactivada antes de que estos dolores estomacales se vuelvan crónicos. Estoy convencido de que los dolores estomacales se inician como un trastorno benigno, pero que son reforzados con gran rapidez por la angustia de los padres, la cual se transmite al niño. Los dolores de estómago son como muchos otros síntomas que se presentan con frecuencia en niños normales y saludables. Es preciso tranquilizar a los padres, asegurándoles que no representan una patología subyacente. Ellos, a su vez, tranquilizarán al niño. Cuando un niño padece la gama de dolores y malestares —dolores de cabeza, de estómago, de piernas— la gente que está a su alrededor tiende a reforzar tal síntoma. Es entonces cuando puede convertirse con demasiada rapidez en un fenómeno psicosomático "real".

Me parece interesante el hecho de que rara vez veo varones de 4 ó 5 años con esos dolores de estómago recurrentes, salvo que sufran de estreñimiento crónico o tengan otros problemas tales como hipoglicemia (bajo nivel de azúcar en la sangre) o problemas urinarios. Pero muchas niñas de esta edad parece que los tienen. Esta diferencia entre sexos me ha intrigado y no hallo una clara explicación para ese fenómeno. Puedo conjeturar que se trata de una identificación inconsciente de las niñas con su madre. Pero ¿cuántas niñas pequeñas saben que su madre tiene cólicos menstruales? ¿Será que las madres de niñas les prestan más atención a los dolores estomacales de sus hijas? No conozco investigación alguna que pueda dar respuesta a este enigma.

EL ESLABÓN DÉBIL

Los dolores de estómago (y algunos otros síntomas) parecen desarrollarse en momentos de tensión, fatiga, o cuando una nueva situación escolar es inminente. Tal como se explicó antes, todos los niños parecen tener un órgano débil. Cuando están cansados, estresados o a punto de enfermarse, este órgano lo refleja. Algunos sufren de dolores de cabeza, otros vomitan o duermen mucho, y otros, como Laura, sufren de dolores de estómago. Muchos niños son ligeramente sensibles a la lactosa. Un colega mío, el Dr. Ron Barr, descubrió, cuando estaba en el Hospital Infantil de Boston, que tales niños ocasionalmente desarrollaban severos dolores de estómago debido a su consumo normal de leche, pero sólo cuando estaban alterados por otras razones. El estrés o la fatiga activaba un síntoma que de otro modo no se habría manifestado. Por consiguiente, una niña como Laura podía sacar provecho de la suspensión del consumo de leche en períodos emocionantes o estresantes. Algunos niños sufren de intolerancia a otros alimentos que sólo causan molestia en épocas de estrés. La hipoglicemia puede producir en determinados niños dolores de estómago todas las mañanas en los días de colegio; nunca sucede en los fines de semana. Estos niños se preocupan por el colegio, y este estrés contribuye a la incapacidad del niño para manejar la disminución del nivel de azúcar en la sangre. Sus intestinos reflejan entonces el estrés que padecen. El dolor abdominal es el resultado del estrés, además de la condición fisiológica; no de un solo factor. Varias cosas combinadas —estrés, emoción u otra intolerancia leve y un órgano ligeramente vulnerable— pueden trabajar juntas para producir síntomas. Esta teoría aditiva me ayuda a entender los síntomas que de otra manera serían difíciles de comprender.

En el caso de Laura, una actitud tranquilizante en cada episodio, junto con la eliminación de las causas más serias de sus dolores estomacales, con el tiempo habrá de reducir la angustia que ella y su madre naturalmente sentían al respecto. Recomendé a la señora Smith que le explicara a Laura, lo mejor que pudiera, las razones de sus dolores (que aparecían cuando Laura estaba cansada o emocionada), a fin de asegurarle que probablemente no era serio. Y aunque lo fuera, nosotros podíamos aliviarlo. Siempre me ha asombrado el hecho de que hasta los niños pequeños pueden sacar provecho de una interpretación de sus problemas. Un niño pequeño se beneficia de una actitud tranquilizante, del respeto y del entendimiento compartido.

DOLORES DE CABEZA

Los dolores de cabeza de los niños son también enigmáticos. Los que se repiten a intervalos regulares lo son todavía más. Es rara la ocasión en que un niño de menos de 4 años de edad se queja de un dolor de cabeza. Aunque puede tenerlos a más temprana edad, el concepto de localizar el dolor y de quejarse de él con objeto de obtener alivio, por lo general supera las capacidades de un niño pequeño. Hay momentos especiales durante el día, en los cuales un comportamiento quejoso e intranquilo y otras señales de desintegración probablemente estén asociados con los dolores de cabeza de niños preescolares. A la hora del desayuno y bien entrada la tarde, después de un día largo y agitado, puede suceder que además de la fatiga haya una baja en el nivel del azúcar en la sangre. Éstos son los momentos en los cuales a todos los niños, por lo común, les da dolor de cabeza, y tal vez hasta a los más pequeños les den dolores de cabeza durante estos períodos, dolores de los cuales no están en capacidad de quejarse.

A la edad de 4 y 5 años, los dolores de cabeza comienzan a aparecer en la vida de muchos niños. Como éste es un período donde los niños se identifican más estrechamente con los adultos que están a su alrededor, uno se pregunta si primero desarrollan el concepto imitando a un adulto o a un niño mayor. Otros síntomas somáticos, como los dolores estomacales, la obstipación (retención de materias fecales) y los dolores de piernas, probablemente también sean malestares recurrentes en esta época. Muchos niños padecen de vez en cuando dolores de cabeza después de los 6 ó 7 años. Ignoro si se ha hecho alguna investigación sobre la asociación entre la edad en que aparecen los síntomas y la severidad de los mismos. No es muy común que la mayoría de los dolores de cabeza conduzcan más tarde a dolores intensos.

Algunos niños que empiezan a quejarse de dolores de cabeza en la primera infancia, con el tiempo sufrirán de jaquecas. Como éstas tienen un componente genético, es poco posible que los padres puedan prevenirlas. Al igual que en el caso de otros tipos más leves de dolor de cabeza, tal vez sean muchos los factores que provocan tales dolores, y no uno particular. Muchos de estos factores pueden ser más severos en unos niños que en otros. La jaqueca típica comienza con el denominado *pródromo*, ya sea una sensación de náusea o molestias en los ojos —tales como destellos o centellas en el campo visual. Las jaquecas tienden a ocurrir a intervalos regulares, incapacitan a las personas hasta por 24 horas y están acompañadas de malestar y anorexia. Las personas que padecen jaquecas llegan a tenerles terror, a menos que pueda encontrarse un antídoto específico. Yo recomendaría encarecidamente a los padres de niños que con frecuencia padecen severos dolores de cabeza, que consulten a un médico y ensayen los diversos medicamentos nuevos que prometen ser eficaces. En vista de que cada niño responde a un medicamento diferente, es preciso ensayar varios antes de darse por vencido. *Cualquier dolor de cabeza severo* que tenga un comienzo agudo, persista por muchas horas y no pueda aliviarse con substancias parecidas a la aspirina, *merece la atención del niño por un médico* (véanse las guías al final del capítulo).

Quisiera referirme a los dolores de cabeza de tipo menos severo que desaparecen después de un descanso o de tomar calmantes suaves y recibir atención paterna. Éstos por lo general son tan benignos que no interfieren con el juego del niño o su actividad, siempre y cuando ésta sea lo suficientemente interesante. Sin embargo, es probable que surjan cuando el niño esté aburrido, triste, cansado o sea reprendido por los padres. Se presentan al final de un día agotador o en momentos previsibles. Están asociados con la hora de vestirse, de prepararse para el colegio, cuando lo llaman a comer o le piden que se acueste —prácticamente con toda exigencia desagradable. El momento de su aparición hace que por lo general sean fáciles de entender. Si son reforzados por un padre o una niñera complaciente, pueden empeorar y repetirse con regularidad. Puesto que evidentemente son desatados por presiones ejercidas sobre el niño, y como desaparecen cuando las presiones son substituidas por una atención cariñosa, por lo general los padres no se muestran excesivamente alarmados al respecto. La fase evolutiva que los desató como un síntoma pasará, y tal vez constituyan una dolencia de tiempo limitado en los años de la infancia media.

Sin embargo, algunos niños pueden desarrollar una forma más severa de dolor de cabeza que los padres no entienden tan fácilmente. En vista de que también suelen presentarse a una hora previsible del día y dejan al niño más incapacitado, los padres podrían preocuparse y preguntarse sobre su causa. El niño mismo no tardará en tenerles terror y en preocuparse cuando está a punto de tener uno de esos dolores de cabeza episódicos. Cuando no son tan severos como las auténticas jaquecas y no existe una historia genética de jaquecas, y si el médico del niño ha sido consultado para descartar las razones subyacentes, los padres mismos pueden encontrar el enfoque correcto para aliviarlos. Hay ciertos conceptos que les pueden ayudar a alcanzar este objetivo y a evitar los factores que convierten los dolores de cabeza en un problema psicosomático recurrente desde un comienzo.

CAUSAS MÚLTIPLES

Tal como sugerí anteriormente, es probable que cada niño tenga un "talón de Aquiles". Cada factor estresante o la inminencia de una enfermedad se manifestará en este órgano, que tiene un umbral inferior para tolerar el estrés. Como resultado, refleja la lucha en el sistema de afrontamiento. Cuando el niño va madurando, es posible que este umbral crezca, y si ha aprendido lo suficiente acerca de cómo enfrentar el estrés, existe la posibilidad de que supere estos síntomas. Entre tanto, puede cumplir el propósito de un mecanismo de escape o de forzar a un niño activo y tenso a desacelerar el paso y a tomar las cosas con más calma. De todas formas, vale la pena tratar de entender las presiones o los factores estresantes que desatarán tales síntomas. Un discernimiento tal puede ayudar a los padres a sentirse menos angustiados, y al niño a entenderse a sí mismo.

Es probable que las diversas combinaciones de factores estresantes precipiten los síntomas. Un solo factor estresante puede no ser suficiente. De vez en cuando, el chispazo final será un factor diferente, de modo que es de importancia crítica pensar en muchos factores pequeños que pueden convertirse en uno grande.

La hora del día cuando los dolores de cabeza se presentan por lo general es previsible, tal como señalé antes. Al iniciar o al concluir el desayuno, el metabolismo del niño pudiera estar fuera de ritmo debido a todas las obligaciones que tiene que atender —levantarse, vestirse, estar listo para el colegio. Todas estas tareas requieren interés y cooperación en un momento en que su metabolismo está decaído. Muchos niños almacenan y movilizan el azúcar en la sangre en forma inadecuada. Aunque no tengan una condición patológica perceptible (tal como una auténtica hipoglicemia, diagnosticable mediante exámenes para determinar el nivel de azúcar en la sangre), la hipersensibilidad, el nerviosismo, el comportamiento del que es lento para cobrar ánimos, lo mismo que los dolores de cabeza, son síntomas de un bajo nivel de azúcar en la sangre. Éste mejora cuando el niño toma un alimento con alto contenido de azúcar o calorías. Entonces, el dolor de cabeza desaparecerá. Pero puede reaparecer más tarde en el curso de la mañana. Cuando el nivel de insulina en el cuerpo aumenta para regular la glucosa en circulación, con frecuencia aumenta en exceso, y el nivel del azúcar en la sangre vuelve a bajar, más o menos una hora después del desayuno, justamente cuando empieza el colegio. El dolor de cabeza que acompaña a estas bajas de glucosa parece un síntoma psicosomático, y obra como tal. Al niño lo tildan de enfermo fingido, y él empieza a sentirse como si lo fuera. Pero los dolores de cabeza son auténticos.

Me permito recomendar encarecidamente a los padres que ensayen un régimen que ha ayudado a muchos niños que presentan estos síntomas. Por la noche coloque junto a la cama del niño un vaso de jugo de naranja, o cualquier bebida con contenido de azúcar que sea absorbida rápidamente. Antes de levantarse por la mañana, el niño debe tomársela y permanecer quieto en la cama durante unos minutos hasta que se haya absorbido. El nivel de azúcar en la sangre será entonces adecuado, y el niño tendrá energías y ganas de desayunar. Un desayuno con proteínas de larga duración —como leche, un huevo o cereal— ayudará a evitar la baja aguda del nivel de azúcar en la sangre, más tarde en la mañana, la cual se produciría por ingerir carbohidratos más simples. Un refrigerio tomado en el colegio a media mañana contribuirá también a mantener el nivel de azúcar en la sangre. En esta forma pueden evitarse el dolor de cabeza y los otros síntomas de hipoglicemia. Si este régimen contribuye a aliviar los síntomas, ciertamente vale la pena seguirlo, y es un indicio de que el nivel de azúcar en la sangre es un factor en los dolores de cabeza del niño.

El estrés, la fatiga y la inminencia de una enfermedad, son todos factores que en forma acumulativa pueden producir dolores de cabeza a los niños vulnerables. Sin duda resulta útil explicárselos al niño después. Cuando va creciendo y adquiere un mejor dominio de su actividad y de las situaciones estresantes de su vida, puede entender las razones ocultas tras estos dolores de cabeza, y por sí mismo dejará de preocuparse.

La ansiedad es un factor que contribuye considerablemente a las demás posibles causas. Un niño bien podría creerse malo o que se merece los dolores de cabeza si éstos se repiten con frecuencia. Si un niño puede entender que no es su culpa, ni tampoco una indicación de que es malo, y si se lo puede ayudar a percatarse de que en todos los niños puede haber una parte del cuerpo que refleja el estrés normal, inclusive un niño de 5 ó 6 años saldrá beneficiado. En ausencia de tal explicación, un niño aprenderá a temer el ataque de dolor de cabeza, a deprimirse y sentirse impotente. Aun la imagen que el niño tiene de sí mismo puede llegar a deteriorarse con el tiempo, y a hacerlo sentir inutilizado por estos dolores de cabeza recurrentes. Si todo esto se puede evitar y si se puede estimular la confianza en sí mismo y la capacidad de evitar los dolores de cabeza, muchos niños que los padecen en forma recurrente en la infancia media los superarán en los últimos años de la infancia y en la adolescencia.

Un diario del momento preciso cuando tiene lugar cada ataque severo de dolor de cabeza, lo mismo que de los eventos o factores estresantes que lo rodean, puede revelar una causa que es común a todos o a muchos de ellos. En vista de que el estrés y la fatiga no pueden ser eliminados por completo, los padres y el niño pueden planear la eliminación de otros factores que causan los dolores de cabeza cuando el estrés y la fatiga sean inevitables. Como último recurso, los padres harían bien en buscar y dar a su hijo un calmante que surta efecto en su caso particular, y luego dejarlo en libertad para que él mismo lo tome anticipadamente. La aspirina o un substituto de la misma (1 *grain* [0,0648 gramos] por año cumplido, hasta 10 *grains*, es una dosis adecuada) con frecuencia resulta eficaz. Para las jaquecas existen terapias más específicas, como los *exgotrates*, pero éstos tienen efectos secundarios y pueden poner al niño nervioso, tenso y con una sensación de bochorno, de modo que sólo deben usarse cuando no haya soluciones más simples.

Considero que el uso de medicinas o píldoras es un último recurso, y que primero deben ensayarse medidas más sencillas, como el reposo o la dieta. Sin embargo, cuando sean necesarias, es importante que el niño se dé cuenta de que puede manejarlas él mismo. La libertad de decidir cuándo se necesita un calmante para vencer el dolor de cabeza que está próximo a atacar puede ser un verdadero refuerzo para la sensación de capacidad que el niño tiene. Y lo que es más importante, el formarse una idea de la clase de factores que producen los dolores de cabeza, además de la certeza de que éstos no son muestras de debilidad o ineptitud, estimularán en el niño el sentimiento de control de su cuerpo.

GUÍAS

1. *Dolores de estómago.* Si después de un intento de tranquilizar al niño, aún hay un área localizada de dolor que aumenta con el tiempo, y si sigue aumentando a pesar de haberle dado una substancia parecida a la aspirina, hay que consultar con el médico del niño. Si se presenta un espasmo generalizado de los músculos abdominales o dolor en un área del abdomen, producido por una presión indirecta ejercida en otra área, puede ser señal de problemas. Otros posibles síntomas de obstrucción son un dolor horriblemente agudo y recurrente, ninguna evacuación intestinal, fuertes vómitos y un abdomen tan duro como una tabla. Un médico debe examinar al niño que presente cualquiera de estos síntomas.

2. *Dolores de cabeza.* Cuando aumentan la intensidad y la frecuencia de los dolores de cabeza, y si van acompañados de otros síntomas de presión intracraneal, como dificultades para ver, vista errática, náuseas y vómito, o cualquier debilidad en las piernas o los brazos, es preciso consultar con un médico. Aun si los dolores de cabeza no obedecen a ningún problema serio, pero son severos y se repiten con mucha frecuencia, un médico puede ayudar a descubrir algunos de los factores que están contribuyendo a que se produzcan. Una historia de casos de dolores de cabeza recurrentes en la familia puede indicar la posibilidad de jaquecas. Éstas tienden a atacar a intervalos regulares; por lo general están acompañadas de otros síntomas como náuseas, fatiga o somnolencia, o de síntomas visuales como relampagueos que hacen que la visión del niño sea borrosa. Si los dolores de cabeza resultan ser del tipo jaqueca, hay medicamentos específicos que ayudan, y debe consultarse con un especialista.

11

CÓMO MANEJAR LA DIFTERIA, LAS CONVULSIONES Y OTRAS EMERGENCIAS AGUDAS

Hay algunas emergencias que cruelmente ponen a prueba la capacidad de los padres para afrontar todas las dificultades que ellas implican. Como padre, desde luego, uno siempre debe estar listo para una emergencia. Pero por bien preparado que uno esté, ciertas clases de enfermedades y emergencias son tan aterradoras que en ese momento ningún padre puede permanecer totalmente sereno. La angustia que se genera se transforma en una fuente de adrenalina para enfrentar la emergencia. Claro que un padre muestra cuán atemorizado está, y claro que esa angustia del padre contribuye a la del niño; pero después de afrontar la emergencia, hay formas de tranquilizarlo. Entre las enfermedades que más temor producen se encuentran la difteria y las convulsiones febriles. También la intoxicación es una emergencia para la cual todos los padres deben estar preparados.

DIFTERIA

La difteria aterroriza a los padres, pero mantener la serenidad puede ayudar mucho al niño, pues esta enfermedad se agrava con la angustia. Saber qué hacer puede ayudar a un padre a calmarse y a calmar al niño. La difteria es una enfermedad que por lo general los padres pueden manejar si saben qué buscar y cuándo preocuparse seriamente.

La llamada llegó a media noche. Escuché la voz frenética de la señora Kane: "¡Doctor, Jim no puede respirar! Se está asfixiando. ¡Por favor, ayúdenos, rápido!".

Despertado tan bruscamente, sentí cómo empezaba a subir mi propia adrenalina. Conocía a la señora Kane lo suficiente como para darme cuenta de que estaba realmente aterrorizada; de no ser así, no habría llamado a esas horas. Además, siempre la había considerado como una persona muy estable; juntos habíamos atravesado crisis en varias oportunidades, y me había impresionado su capacidad para afrontarlas.

Le hice las preguntas que tenía que hacer para determinar si su niño de 5 años estaba en condiciones tan críticas como para necesitar la brigada de rescate, o ser llevado rápidamente al hospital, o si podíamos resolver sus problemas en casa. Pensé en las primeras dos alternativas, tan sólo como medidas de último recurso. Enviarlo en forma tan apresurada con la brigada de rescate sería extremadamente atemorizante, tanto para él como para su familia. Llevarlo a la sala de urgencias del hospital también sería atemorizante. Ser examinado por personas extrañas, pasar por los dolorosos exámenes de sangre y rayos X que forman parte de la rutina de admisión en cualquier hospital, producirían una angustia innecesaria, a menos que no hubiera otra alternativa. Yo prefería ir a la casa del niño y examinarlo allá, pues nos conocíamos bien, él confiaba en mí, y yo sabía que en esas circunstancias favorables sus preocupantes síntomas respiratorios no empeorarían.

Pero primero las preguntas: "¿Sería que se atragantó con un cuerpo extraño?", le pregunté. "¿En dónde está localizada la dificultad respiratoria?". "¿Tiene dificultades cuando aspira o cuando espira?".

Por la señora Kane me enteré de que no se había atragantado con nada y que estaba asustado, pero no fuera de control ni en estado de *shock*. La señora Kane estaba tan fuera de sí que le fue imposible contestar adecuadamente mis otras preguntas, así que le pedí que acercara a Jim al teléfono. Si yo podía oírlo respirar por el teléfono, podría determinar dónde estaba la dificultad.

Si hubiera respirado con silbidos ruidosos y si éstos hubieran tenido lugar durante la espiración, habría diagnosticado asma o bronquitis. Existen medicamentos específicos para estas afecciones, y no necesitan ser tratadas como emergencias a menos que el niño tenga mucho dolor.

Si hubiera producido sonidos crujientes al final de cada respiración, y si ésta hubiera sido jadeante, poco profunda y rápida, y si su fiebre hubiera estado subiendo, podría haber afirmado con bastante seguridad que le estaba sobreviniendo una pulmonía. Podríamos tratarla con antibióticos, y no sería una verdadera emergencia.

Si su respiración hubiera sido carrasposa y gorgoteante, y cada una estuviera acompañada de un ruidoso ronquido, habría llegado a la conclusión de que existía una hinchazón que le creaba una obstrucción en la nariz o en la parte posterior de la garganta, y, por tanto, habría dictaminado una infección en el aparato respiratorio superior. Esto tampoco sería una emergencia, y yo les ayudaría a manejarlo sin enviarlo al hospital.

Pero lo que oí, cuando la señora Kane puso el auricular junto a la boca de Jim, fue un ruido áspero al aspirar, como el que hace una sirena de niebla. Llegué a la conclusión de que la obstrucción —una hinchazón inflamatoria aguda— se encontraba en el área de la laringe (donde están las cuerdas vocales) y la tráquea, y que lo que tenía era difteria (este diagnóstico quedó comprobado cuando su madre me dijo que su caja torácica y el área encima del esternón se hundían profundamente cada vez que trataba de tomar aire).

La difteria casi siempre se presenta en forma aguda y por lo general, es la complicación de un catarro común.

Ataca en plena noche, con frecuencia cuando el tiempo está a punto de cambiar a lluvia o nieve. El problema inmediato es la obstrucción aguda que producen la inflamación y la hinchazón alrededor de la tráquea. Cada vez que un niño se despierta con dificultades para respirar, se llena de pánico. Con éste, los músculos de la tráquea se contraen todavía más, y aumenta la dificultad para respirar. Si sus padres también se llenan de pánico al despertarse, la angustia del niño empeorará. Mi primera labor era calmar a los padres de Jim. Si ellos lograban tranquilizarse, podrían ayudarlo de inmediato, llevándolo a un cuarto lleno de vapor como el baño, con todas las llaves del agua caliente totalmente abiertas.

Le dije a la señora Kane que hiciera eso, y que también pusiera una mecedora en el baño. Sentada en ella, meciendo a Jim, a lo mejor éste se calmaba, y el vapor en el baño ayudaría a que el espasmo de su laringe se relajara. Le aseguré que ése era el tratamiento más eficaz para él. (El caso donde la epiglotis está tan hinchada que no hay forma de relajarla, no sólo es poco común sino que puede identificarse a tiempo si la respiración del niño no mejora como resultado de esta maniobra. En tal situación, la hospitalización sería necesaria.)

Volví a llamar a los Kane 15 ó 20 minutos después de que ellos trasladaron a Jim al ambiente calmante y lleno de vapor del baño. Su padre me contó que la respiración del niño estaba mejor, y que se estaba quedando dormido en el regazo de su madre. Le dije al señor Kane que debían continuar con ese tratamiento y que podían dar a Jim un pirulí si tenían uno en casa, para que lo chupara —esto le aliviaría la garganta. El pirulí sería no sólo calmante sino que además lo alegraría y le haría saber que no estaba tan enfermo. Su valor simbólico ayudaría a tranquilizarlo. Le indiqué que la difteria siempre suele mejorar por la mañana y reaparecer por la noche, pero a la segunda o tercera noche, la mayoría de los niños sabe que su difteria tiene arreglo; así no hay posibilidad de que empeore a causa de la angustia. Si Jim hubiera tenido fiebre con su difteria, y hubiera dado muestras de estar agotado o muy enfermo, yo habría ido a verlo de inmediato, pues éstos son síntomas de infección que requieren antibióticos y un tratamiento más drástico. En el 95% de los casos agudos de difteria, tratados como se estaba haciendo con Jim (a menudo complementado con un jarabe expectorante para la tos), los niños responderán muy bien, sobre todo en los casos de un episodio inicial. Hay una clase de difteria poco común conocida como epiglotitis aguda, en la cual una atención de emergencia en un hospital puede ser de importancia crítica, porque en este tipo poco común, la hinchazón del bulbo de la epiglotis obstruirá la respiración, y será necesaria una operación para insertar un tubo en la garganta y dejar entrar el aire. Pero en la mayoría de los casos, si no todos, esta primera maniobra de vapor y medidas tranquilizadoras merece ser ensayada en serio antes de que la hospitalización llegue a ser lo más indicado.

Cuando un niño como Jim ingresa en la sala de

urgencias con difteria o epiglotitis, yo les recomiendo encarecidamente a los padres que uno de ellos permanezca con él en todo momento; y si fuera necesario colocarlo en una carpa de oxígeno con vapor para relajar el espasmo, que pregunte si él también podría entrar en ella. Ser puesto en una carpa puede ser una experiencia atemorizante, y si al niño lo ponen ahí solo, el miedo puede incrementar las dificultades respiratorias hasta el punto de hacerse necesaria una operación, que de otro modo sería innecesaria. Cuando un padre puede acompañar al niño en esta situación nueva y extraña, es posible que éste no se preocupe.

Cuando media hora más tarde llamé a los Kane por segunda vez, Jim estaba mejor, saboreando su pirulí; tanto él como su madre estaban tranquilos. Cuando vi a Jim a la mañana siguiente, se encontraba ligeramente ronco, pero jugaba por todo el consultorio. Lo examiné mientras estaba sentado alegremente en mi mesa. Graznaba un poco cuando me hablaba. Yo me reí, y él se rió. Le dije: "Jim, anoche estabas muy asustado, ¿no es cierto?". Se puso serio y contestó: "Pero el pirulí me hizo sentirme mejor". Lo miré seriamente y le dije: "No debes asustarte tanto cuando te despiertes esta noche con esa terrible respiración. Tu mamita y yo sabemos qué hacer para ayudarte. Ella comprará un vaporizador para ponerlo junto a tu cama, y te conseguirá un pirulí, y tú puedes recostarte en unas almohadas en la cama. Estarás bien". Prestaba atención a todo lo que yo le estaba diciendo, con los ojos muy abiertos y una carita seria y fruncida. Cuando empeoró nuevamente esa noche, tanto él como su madre siguieron mis instrucciones, y éstas surtieron efecto. Estuvo bien no haberlo llevado al hospital. El niño no se traumatizó. La segunda vez ni siquiera se asustó mucho, y tanto él como su madre ya habían aprendido a enfrentar la difteria. Si atacaba de nuevo, estaban preparados.

CONVULSIONES

Las convulsiones constituyen otra emergencia para la cual los padres necesitan consejo y preparación. Por lo general sobrevienen con fiebres altas. Inclusive pueden atacar antes de que aparezca la fiebre, cuando al niño se le está desarrollando una infección que causará fiebre. Quizás empiece a tener aspecto de estar muy enfermo, tener alucinaciones, o parecer inaccesible. Por último, todo el cuerpo se le pondrá rígido, las piernas y los brazos se extenderán rígidamente, los ojos se volverán hacia atrás, y el cuello se arqueará. La fase rígida puede persistir por un período corto o algo mayor (varios minutos). De todos modos, al padre que está observando le parecerá una eternidad. Luego, después de esta fase tendrá severos espasmos musculares rígidos en las extremidades, la cara y la boca, y en todo el cuerpo. Ésta es la fase donde es posible que el niño se muerda la lengua, aunque es muy poco probable. Si se coloca entre sus dientes un objeto moderadamente duro, que no tenga puntas o bordes que puedan lastimar, se evitará que el niño se haga daño. El único peligro real para el niño está en que la convulsión puede ser tan severa que interfiera en la respiración normal. Si la respiración del niño es jadeante, por lo general resulta adecuada para mantener su color. Si no es así, y empieza a ponerse azul alrededor de la boca, sin duda es una emergencia: es preciso evitar que su cerebro sufra daño por falta de oxígeno. La convulsión febril común no representa peligro alguno para el niño. Fuera de su aspecto atemorizante, no constituye una emergencia tan seria como parece.

¿Qué pueden hacer los padres? Como primera medida, trate de proteger la tráquea del niño. Si tenía algo en la boca, sáquelo con el dedo. Coloque algún objeto entre sus dientes si cree que podría morderse la lengua. Acuéstelo con la cabeza horizontal o más baja que el resto del cuerpo, para que el suministro de sangre a la cabeza no se interrumpa. Luego refrésquelo. Una tina de agua tibia es lo que más calma, y con frecuencia resulta lo más eficaz. Las fricciones con alcohol y los baños de esponja con agua helada ciertamente bajarán la fiebre del niño, pero quizás él los deteste, y su lucha en respuesta a ellos podría aumentar la convulsión. Una convulsión puede prolongarse por una reacción exagerada de las personas que rodean al niño. A menos que su estado sea serio —por ejemplo, cuando tiene dificultad para respirar— o si la convulsión no disminuye después de unos pocos minutos, llevarlo rápidamente a un hospital puede ser demasiado drástico e inquietante. Inclusive puede contribuir a prolongarla.

La primera convulsión siempre es aterradora. A lo mejor no perturba al niño, porque puede no recordarla. Pero es una experiencia traumática para los padres que tienen que observarla. Alrededor del 95% de las convulsiones en niños de menos de 4 años van acompañadas de fiebre muy alta, y tienden a ser inofensivas para éste. La fiebre produce estas convulsiones porque reduce el umbral, en un cerebro inmaduro, a un nivel que da lugar a ellas. Casi todos tenemos un umbral así, pero para alcanzarlo se requiere de una fiebre muy alta. En niños pequeños con cerebros perfectamente normales, sin una anormalidad perceptible que pudiera causar las convulsiones, fiebres tan altas pueden originar una convulsión. La deshidratación, sumada a la fiebre, hace aumentar aún más la probabilidad de una convulsión. Por lo general, la primera fiebre alta produce una convulsión a uno de esos niños, de modo que los padres de hijos que ya han sufrido una alta temperatura sin que se produjera una convulsión, en general pueden estar bastante seguros de que sus hijos no serán propensos a las convulsiones.

Una vez que la convulsión haya sido controlada, los padres deben buscar consejo médico. El médico habrá de comprobar varias cosas. Yo me aseguro primero de que el cuello del niño esté flexible. Si no puede inclinar la cabeza hacia adelante sobre el pecho, y arquea la columna vertebral en forma de C, debe practicarse una punción lumbar para descartar una meningitis o una infección susceptible de tratamiento.

También es importante averiguar la razón subyacente de la fiebre del niño y tratarla, porque si continúa la fiebre, podría sufrir otra convulsión. De todos modos, es preciso administrarle una substancia similar a la aspirina* para que le baje la fiebre, y fenobarbital para que su umbral suba y se reduzca la probabilidad de nuevas convulsiones.

Hay varias maneras de tratar a un niño en este estado cuando pasa la emergencia inicial, y es el médico quien debe tomar la decisión. Muchos niños, por lo demás normales, experimentan un solo ataque de convulsiones, y con un tratamiento preventivo apropiado jamás vuelven a sufrir otro. Cuando no se presenta una disminución de los niveles de suministro de oxígeno al cerebro, las convulsiones en sí no causan daño. Después de un segundo ataque, siempre ordeno un EEG (electroencefalograma, o examen de las ondas cerebrales) para excluir la epilepsia u otra causa de las convulsiones. Incluso después del primero, pido a los padres que consideren, o bien una dosis baja pero continua de fenobarbital para evitar que se repita, o bien un régimen discontinuo en el cual los padres le administrarán al niño aspirina o fenobarbital cada vez que al parecer, la fiebre esté subiendo. Luego de una vacu-

---

* Como la aspirina en sí misma puede estar asociada con la hemofilia, y los resultados de la investigación todavía no están disponibles, muchos médicos formulan un substituto.

nación, cuando el niño sufra un resfriado agudo o esté expuesto a cualquier enfermedad que pudiera producir fiebre, valdría la pena establecer este régimen terapéutico preventivo. Cuanto mayor sea el tiempo durante el cual se pueda prevenir la repetición de las convulsiones, tanto más difícil será que se repitan. Cuando un niño crece, su umbral aumenta, y la probabilidad de un ataque de convulsiones será cada vez más remota. A los 4 ó 5 años, lo más probable es que ya no haya peligro para los niños que han sufrido una sola convulsión febril.

ENVENENAMIENTO

El envenenamiento es un estado que requiere que los padres sean personas muy recursivas. Cuando el niño ingiere una substancia tóxica, es necesario actuar rápida y apropiadamente. Puesto que nadie puede mantener en la memoria una lista de venenos caseros comunes y no tan comunes, he recomendado encarecidamente a todos los padres de niños pequeños que tengan al alcance de la mano una guía de primeros auxilios para casos de emergencia. A la edad de 8 meses, es hora de encontrar una guía que cubra las situaciones donde su bebé pudiera verse en peligro. Cuando aprende a gatear, explorará y encontrará cosas en las cuales usted jamás había pensado. Atragantarse con objetos pequeños que están en el piso, desde luego puede suceder, y un padre debe aprender las maniobras necesarias para despejar la tráquea de un niño. En casos de envenenamiento, recomiendo que los pacientes tengan siempre una dosis apropiada de ipecacuana (un emético) para hacerlo vomitar si fuera necesario. Luego, si hay un centro de control de envenenamiento o una línea telefónica de emergencia disponible que aconseje en estas situaciones, anote el número en su teléfono. Si algo sucede, usted estará demasiado angustiada para encontrarlo en el directorio telefónico. Se pierde un tiempo valioso teniendo que buscarlo. No salga corriendo para llevar al niño al hospital si gasta 15 minutos o más para llegar allá. Primero busque consejo, pues muchas veces usted podría detener la absorción de la toxina dándole al niño un emético antes de ir al hospital. La medida más importante que puede tomar es prepararse con anticipación.

Éstas son sólo algunas de las emergencias atemorizantes con las cuales pueden llegar a enfrentarse los padres. Libros más extensos (tales como *Should I Call the Doctor?* (¿Debo llamar al médico?) de Christine Nelsen, M.D.* o *Child Health Encyclopedia* (Enciclopedia de la Salud del Niño) de Richard I. Feinbloom, M.D. y el Centro Médico Infantil de Boston**) son útiles, y toda familia debe tener una de estas guías al alcance de la mano, lo mismo que los números telefónicos de emergencia.

Mi tesis principal aquí es que *desde luego* los padres,

---

* Nueva York: Warner, 1986.
** Nueva York: Delacorte, 1975.

al igual que los niños, se alarman con estas emergencias. Después de que hayan pasado, es prudente hacer varias cosas: 1) reconocer que uno se asustó y que el niño tuvo que haberlo percibido; 2) permitir al niño que comparta sus temores con el padre; 3) despejar el camino para discutir la forma de manejarlos en el futuro; y 4) dar una oportunidad de formular planes para cualquier emergencia futura. Esto, entonces, puede ser una forma de tranquilizar al niño para el futuro y representa una oportunidad para compartir este episodio como una fuente natural de angustia para toda la familia. Un padre debe estar preparado para discutir cualquier emergencia muchas veces después de que ocurra. Cada discusión es una oportunidad que el niño tiene para aprender más acerca de sí mismo.

12

ASMA

Prevenir la enfermedad alérgica o tratarla a tiempo es más eficaz que tratarla después de que esté establecida. En el ejercicio de la pediatría he estado buscando durante mucho tiempo los ingredientes de prevención para el eccema, el asma y la enfermedad respiratoria crónica. Hago cuanto puedo por identificar al niño potencialmente alérgico, aun a riesgo de establecer "calificativos" en la mente de los padres. El peligro de estar buscando posibles alergias está en que los padres que tratan a un niño perfectamente saludable como si fuera vulnerable, pueden perjudicar la imagen que éste está desarrollando de sí mismo o asustarlo en tal forma que él se refugie en una especie de pasividad. Sin embargo, de poderse obviar este peligro, hay buenas razones para creer que previniendo las alergias, o tratándolas desde un comienzo, se puede evitar que el niño considere que es un fracasado o un inválido, impidiendo así la formación del círculo vicioso

de enfermedad, depresión, condescendencia psicosomática. Tratando las manifestaciones alérgicas a tiempo
y permitiendo que el niño participe en su propio tratamiento, puede ayudarlo a sentirse capaz de vencer una
enfermedad como ésta por sí mismo. Los sentimientos de
impotencia y depresión en medio de un episodio alérgico
son los aspectos más graves de la enfermedad, y bien
pueden generar una especie de "expectativa" por estar a
merced de ella. ¿Cómo podemos prevenir este resultado
en un niño?

EVITE EL MIEDO Y EL PÁNICO

Jeff, un pequeño de 6 años de edad, estaba seriamente
afligido, sufriendo un ataque de asma. Ésta era la segunda
visita a mi consultorio para esta clase de episodio en el
curso de dos semanas. Se encontraba desanimado y
asustado. Su madre tenía pánico. Cuando inspiraba, todas
las costillas le sobresalían, y el área que queda encima del
esternón se le hundía con el esfuerzo. Cuando expulsaba
el aire contra la presión de sus pulmones que estaban en
un espasmo, su respiración sibilante resonaba en todo el
consultorio. Su carita pálida y tensa se volvió hacia mí con
enormes ojos suplicantes. Hacía un enorme esfuerzo cada
vez que inspiraba o espiraba. "Haga algo", dijo, jadeando.
Preparé una jeringa de adrenalina para aplicársela,
explicándole que la aguja le produciría dolor durante un

segundo nada más, pero que al rato se sentiría mejor. Asintió con la cabeza como diciendo: "Sólo hágalo". Hizo apenas una pequeña mueca de dolor cuando le apliqué la inyección. Lo hice acostar en la mesa de exámenes, porque sabía que su corazón latiría velozmente y que podría sentirse mareado después de inyectarle la adrenalina. Obedeció sin protestar, y apartó la cabeza para que yo no pudiera ver lo asustado que estaba. Al cabo de diez minutos se sentía mejor. Su cara tenía ya más color y estaba más redonda, los ojos parecían menos tensos, y su respiración comenzaba a relajarse en forma asombrosa. Quince minutos después me miró con una sonrisa.

"¿Cómo te sientes?", le pregunté. "Un poco mejor", respondió con voz entrecortada. Entonces le dije: "¿Ves, Jeff? Sí sabemos qué hacer cuando te dan esos ataques de asma ¿no es cierto?". Asintió agradecido.

"Pero tenemos que encontrar la forma de combatir estos ataques antes de que te pongas así de malo. ¡Esta dificultad que tienes para respirar debe asustarte!", lo presioné. "Sí, yo sé, Dr. B., porque usted me dijo qué tenía que hacer la última vez. Pero se me olvidó. De todos modos, no pensé que sucedería de nuevo". Admitió: "Dormí con mi gato, y usted me dijo que no lo hiciera cuando tuviera un resfriado".

Su sentimiento de culpabilidad y la alusión a la esperanza de que jamás volvería a suceder son dos de los procesos de pensamiento inevitables que acompañan a esta enfermedad —tanto en los niños como en los adultos que los rodean. El tercer sentimiento que todos tienen es de pánico —pánico de que el niño no pueda respirar y que nunca pueda librarse de esta condición aterradora.

Los sentimientos de impotencia de Jeff cuando se esfuerza al máximo por respirar, pueden llevarlo a un miedo irreprimible. En realidad, sospecho que un niño comienza rápidamente a esperar con pavor el siguiente ataque después de sólo uno o dos accesos asmáticos así de violentos. Jeff había estado respirando con mucha dificultad durante 12 horas antes de que sus desesperados padres lo trajeran a mi consultorio.

Cuando empecé a hablar con ellos acerca de su estado, Jeff se había bajado de la mesa de exámenes y, acurrucado en el piso, estaba jugando de manera casi histérica con mis juguetes. Los tiraba ruidosamente de un lado para otro. Al observarlo sin estar enterado de su historial clínico, uno lo hubiera considerado un niño casi hiperactivo. Pero estaba descargando la angustia que acababa de experimentar. Cuando hablamos, nos escuchó con mucho cuidado. Aun a la edad de 6 años, a este niño le preocupaba su estado tanto como a nosotros.

IMPORTANCIA DE LA PREVENCIÓN

En los 30 años que llevo ejerciendo la pediatría, he seguido un enérgico programa para prevenir las alergias en lugar de limitarme a intentar tratarlas cuando ya están arraigadas. Como resultado de los numerosos niños asmáticos que he atendido, sólo uno estaba lo suficientemente enfermo como para necesitar una prolongada o frecuente hospitalización. Los otros pudieron manejar su enfermedad sin recurrir al hospital. En cuanto al eccema, no he tenido casos severos; al menos fuimos capaces de controlar la enfermedad cuando comenzamos el tratamiento a tiempo.

Es muy importante evitar los aspectos severos y aterradores de estas dos enfermedades, para el futuro bienestar de un niño. Hay muchas más maneras, hoy en día, de ayudar a estos pacientes para que un esfuerzo concertado tenga éxito desde el comienzo. A menos que podamos encontrar un tratamiento que *surta efecto*, los niños entran en un círculo vicioso de ansiedad, temor e impotencia. Al llegar a este punto se van estableciendo los aspectos psicosomáticos de la enfermedad. Los niños no tardan en sentir toda la desesperación y culpabilidad que Jeff manifestó. Esto hace que los niños se formen una mala imagen de sí mismos, lo cual, en mi concepto, es el aspecto más devastador de las enfermedades alérgicas.

Aunque a las enfermedades como el asma puede agregarse la ansiedad y llegar a ser parcialmente "psico-somáticas" luego de unos episodios aterradores, no creo que el asma o el eccema surjan como consecuencia de problemas del niño o de dificultades familiares subya-centes. Es probable que exista una predisposición genética, reforzada por alergenos ambientales. Luego, cuando la enfermedad se manifiesta, *obviamente* el niño afectado se asusta y se involucra en la enfermedad. Los niños asmáticos tienden a mostrar su angustia a sus padres y son propensos a "usar" el síntoma para toda clase de razones de manipulación, tales como la rebeldía, la fatiga, la provocación, o sólo para llamar la atención. Los padres, inevitablemente, quedarán atrapados en ellas a medida que su propia angustia aumente si les es imposible controlarla. Su culpabilidad, su ira, su angustia, incrementarán la tensión en la familia y en su relación con el niño. De este modo puede convertirse muy fácilmente en un foco psicosomático, tanto para el niño como para la familia.

No hay para qué llegar a esos extremos. La prevención es la mejor cura, pero una intervención oportuna también es muy eficaz.

En el caso de Jeff habíamos comenzado a echar los cimientos para la prevención en su primera infancia. Sabíamos que había alergias por ambos lados de la familia. El componente genético de las alergias es bien conocido*. Esta predisposición heredada es entonces reforzada por estímulos mediante el uso de alergenos específicos, lo cual hace que la enfermedad se manifieste y el ciclo de recurrencia se active .

Cuando Jeff era muy pequeñito, su padre me contó que él mismo había sido alérgico a la leche, y que de bebé había tenido un severo eccema. El hermano de la madre de Jeff había sufrido asma de niño. En aquel entonces

---

* *Pediatrics* [Pediatría], diciembre de 1981.

hablamos de algunas maneras para evitar desde la infancia la posibilidad de que sus hijos tuvieran alergias. Existe una buena razón para evitar la precipitación de enfermedades mientras sea posible. Es más difícil que se precipiten cuando un niño va creciendo; el umbral de tolerancia va aumentando con el tiempo. Estoy convencido de que cuanto más tiempo pueda evitarse una manifestación alérgica, tanto más difícil será activarla. De la misma manera, cuanto más exitoso sea su tratamiento cuando ésta se presenta, tanto mejor será el resultado. En los bebés, una alergia a la leche de vaca o a otros alimentos puede no manifestarse en el momento del estímulo, pero aparece más tarde, después de que el proceso alérgico haya quedado firmemente establecido. El eccema, los síntomas gastro-intestinales (regurgitación, diarrea o inclusive "cólicos") o las dificultades respiratorias (como la secreción nasal crónica) pueden presentarse semanas o meses después de que el niño haya comenzado a tomar leche. Si tiene menos de 9 meses, una alergia al trigo o a los huevos puede presentarse como una reacción completamente desarrollada, sólo 1 semana o 10 días después de la primera exposición. Entre tanto, el proceso alérgico se está arraigando. Para evitarlo, recomiendo encarecidamente a los padres de un bebé que tenga un historial clínico de alergias en la familia, que eviten cualquier alergeno potencial hasta que el bebé tenga más edad —la suficiente como para mostrar un síntoma alérgico directo.

Insté a la señora Scott, la madre de Jeff, a que le diera

el pecho todo el tiempo que pudiera. Le di instrucciones para que usara fórmulas de soya como substituto de cualquier complemento lácteo durante los primeros meses. Por lo tanto, no lo expusimos a la leche de vaca a la que su padre había sido sensible. Recomendé a los Scott que esperaran hasta que Jeff tuviera 5 meses para comenzar a darle alimentos sólidos, por temor a que fuera alérgico a ellos. Entonces le dieron un solo alimento nuevo a la vez, esperando por lo menos una semana antes de ensayar el siguiente. Cuando se trastornaba o mostraba síntomas de una erupción cutánea después de darle un nuevo alimento, lo suspendían para ensayar otro. Nunca mezclaban leche de vaca con su cereal, y leían con cuidado los rótulos de los frascos de comida para bebés para eliminar cualquier posibilidad de darle mezclas de alimentos. Cualquiera de éstas hubiera podido precipitar sus tendencias alérgicas. No le dieron trigo hasta que cumplió 7 meses, y pospusieron la yema de huevo hasta que tuvo más de 9 meses. El día que comió yema de huevo, le dio urticaria. Como resultado, sus padres evitaron la yema y el flan hasta que tuvo más de un año. Debido a todos estos cuidados, Jeff pudo pasar su infancia sin sufrir erupciones cutáneas o eccemas de gravedad.

La señora Scott pudo amamantarlo durante 11 meses, y todos consideramos que esto le proporcionó una inmensa protección contra la alergia producida por la leche de vaca. Después del año, Jeff pudo empezar a tomar leche de vaca y a comer alimentos que la contenían. Nunca supimos si anteriormente había sido alérgico a ellos, pero esto no era importante. No era fácil para los Scott evitar estos alimentos, y también me preocupaba la idea de que mi énfasis en la posibilidad de una alergia provocada por algún tipo de alimento los volviera más conscientes de que Jeff pudiera ser un niño vulnerable, pero la alternativa era exponerse a los horrores de un eccema o de las "intolerancias" a los alimentos. Éste es un régimen que recomiendo a todos los padres en cuyas familias haya antecedentes alérgicos.

Cuando Jeff dio sus primeros pasos, era ya un pequeñín robusto y lleno de vida. Comía solo antes de cumplir el año, y como cualquier otro muchachito resuelto, insistía en probar todos los alimentos que se servían en la mesa. A esta edad estaba a salvo de las reacciones, con excepción de algunos alimentos que se sabía eran alergenos: los huevos, el chocolate, los tomates y el pescado. Los Scott tenían que evitar el consumo de estos alimentos en presencia de Jeff, para no tentarlo a probarlos.

EL ASMA Y LOS RESFRIADOS

A medida que Jeff crecía, se volvía cada vez más activo. Tenía una constitución atlética, y le fascinaba trepar y meterse en toda clase de dificultades. Era el centro de cualquier grupo disponible de niños activos. A pesar de que era el centro de su familia y bastante mimado en su casa, actuaba tan encantador y considerado con los otros niños que era el favorito de todos en su clase. Jeff casi nunca se enfermó en los 3 primeros años de su vida. Dos resfriados terminaron en secreciones nasales prolongadas. Sólo uno terminó en un dolor de oído, y fue necesario tratarlo con antibióticos. Durante estos primeros años no parecía ser particularmente propenso a las infecciones respiratorias. A muchos niños no sólo todas las cosas con las cuales entran en contacto les producen alergia sino que, además, toda infección del aparato respiratorio superior se prolonga tanto tiempo que la una reemplaza a la otra. Como resultado, estos niños tienden a tener narices que gotean crónicamente y se les acumula tejido adenoide; son más propensos a sufrir complicaciones del oído interno y sinusitis por la obstrucción que produce el exceso de vegetaciones adenoides, y tienden a roncar (muchos niños que roncan resultan ser alérgicos).

Cuando Jeff tenía $3\,^1/_2$ años, nació una hermanita. A primera vista parecía manejar su llegada con coraje y algo de cautelosa ternura. Insistía constantemente en que cuando el bebé fuera grande "como él", podría jugar con "él"; pero por lo demás aceptaba al bebé sin mayores dificultades. Sin embargo, poco después de llegar Allison, a Jeff le dio un resfriado persistente acompañado de tos. En aquel entonces parecía como si se tratara de una coincidencia. Durante las siguientes 6 semanas siguió constipado y con ligeras dificultades para respirar de noche. Ensayamos antihistamínicos para eliminar la congestión, y surtieron algún efecto, pero le tomó mucho tiempo superar esta infección.

Unos meses más tarde, cuando cumplió 4 años, y en dos ocasiones más durante el siguiente año, Jeff padeció infecciones muy prolongadas del aparato respiratorio superior. Luego de dos de estas infecciones, insté a sus padres a que trataran de eliminar los alergenos de su cuarto. Hablamos de eliminar cosas simples como la almohada de plumas y los animales de peluche de su cama, y de cubrir con una funda plástica el colchón de crin de caballo. Traté de explicarles que, a la luz del historial clínico de la familia, existía la posibilidad de que sus resfriados fueran prolongados por una forma benigna de congestiones alérgicas que persistían aun después de haber sido dominada la infección. Me aseguraron que no podía ser alérgico a ninguna de las cosas que yo quería que sacaran de su cuarto, puesto que había vivido con ellas todo el tiempo sin problema alguno. Aclaré que la manifestación de una alergia en forma de asma, eccema o inclusive secreción nasal crónica, puede ser un proceso acumulativo semejante a la construcción de una torre de cubos. Uno puede tener muchos cubos colocados unos encima de otros durante años, sin que se vengan abajo. Un niño puede dormir sobre crin de caballo y plumas (ambos son alergenos comunes) durante años. Pero si uno agrega demasiados cubos, o agrega uno grande, como por ejemplo una infección respiratoria aguda o una exposición a un alergeno especial para ese niño (los gatos son un ejemplo típico), o inclusive un estrés emocional, la torre de cubos se vendrá abajo. En el caso de Jeff, la afección respiratoria parecía ser la causa que precipitaba el problema. Cuando conversábamos, tenía la sensación de que los Scott se resistían a aceptar mi sugerencia. No los presioné, pues la dificultad respiratoria de Jeff no lo debilitaba en ese entonces, y los antihistamínicos que le administrábamos eran eficaces. Sin embargo, en retrospectiva, realmente me pregunto si se hubieran podido evitar parte de las dificultades de Jeff de haber actuado en el momento oportuno.

Cuando empezó a roncar de noche, presioné más a sus padres. Su ronquido era un síntoma de vegetaciones adenoides. Su congestión tan prolongada era, en mi concepto, la causa de estas vegetaciones. Estaba más pálido y ojeroso que antes, y nunca lo había visto tan deprimido. Yo tenía miedo de que estuviera comenzando a creerse inválido.

Discutimos de nuevo la eliminación de los posibles alergenos en el dormitorio y la cama de Jeff, sabiendo que ahí él pasaba la mitad de sus 24 horas. Parecía fácil cambiar una almohada de plumas por una sintética, cubrir el colchón con una funda de plástico y sacar del cuarto los animales de peluche (o rellenarlos con espuma de caucho). Les recomendé con ahínco que sacaran los tapetes, porque en ellos se acumula el polvo, que eliminaran el polvo del piso del dormitorio limpiándolo con aceite 2 veces por semana y que cubrieran el orificio de salida de la calefacción del cuarto con un filtro hecho con varias capas de estopilla. Les expliqué que una sola de estas medidas de por sí no produciría un cambio extraordinario en su congestión, pero que podría eliminar algunos de los cubos más pequeños de la torre que estaba edificando. Fue entonces cuando descubrí que, desde que nació su hermana, Jeff había estado durmiendo con el gato en su cama —como una compensación por la llegada de la niña. Todos sufrimos con la posibilidad de quitarle su gato. Pero les advertí que el animal podría constituir un importante factor de su problema. Los gatos y otros animales de piel son altamente alergénicos —tanto por su propia piel como por el hecho de que acumulan polvo y moho en la misma. Cuando los niños son alérgicos, en su mayor parte lo son a los animales de pelo. Los Scott se opusieron a separar a Jeff del gato, así que les recomendé que comenzaran con una simple limpieza para ver si eso ayudaba. Es molesto mantener un ambiente relativamente libre de polvo, pero en realidad puede ayudar a reducir al mínimo los problemas respiratorios. En la atmósfera contaminada de una ciudad, hoy en día circulan irritantes respiratorios que no se pueden eliminar, pero sí puede hacerse esto con los que están alrededor del dormitorio y la cama.

En verdad, Jeff mejoró un poco después de esta limpieza, y todos estábamos agradecidos. No era necesario deshacerse del gato. Su ronquido mejoró cuando le administramos antihistamínicos, y su tos nocturna finalmente desapareció. De nuevo mostró su disposición extravertida y alegre. En la primavera, literalmente salió de mi oficina dando brincos. Todos esperamos que ése fuera el fin de sus problemas respiratorios.

A comienzos de octubre estaba de vuelta en mi consultorio con un grave resfriado. Esta vez resollaba. Tenía que esforzarse mucho para tomar aire y para expulsarlo. Dijo: "No puedo correr", como si eso en realidad fuera un obstáculo aterrador para él. Sus padres y yo encaramos la posibilidad de que el resuello pudiera representar una forma benigna de asma, que ahora se sumaba a sus infecciones respiratorias agudas. Usamos un "tratamiento" doble: un antiespasmódico para la respiración resollante y un antibiótico para la infección subyacente. Por lo general, hago el menor uso posible de antibióticos porque considero que lo mejor que podemos hacer por la mayoría de los niños es permitirles que desarrollen su propia inmunidad a las infecciones. Los antibióticos interfieren este proceso natural. Pero en un niño alérgico, las alergias interactúan con la infección, y cada una hace que la otra obre con más potencia. Uno tiene que tratar simultáneamente la infección y la alergia. Para la mayoría de los niños alérgicos, una infección es un gran problema y actúa como un enorme bloque de concreto. Es probable que precipite un ataque asmático, y para un niño alérgico es mucho más difícil dominar la infección sin ayuda adicional.

En esta visita me senté con Jeff y su madre para instarlos a que tomaran medidas más drásticas en casa. Este patrón de crecientes respuestas alérgicas a cada resfriado sugería la posibilidad de que le estuviera dando asma como una complicación de cada infección del aparato respiratorio superior. Repasé con ellos los procedimientos de limpieza. En esa ocasión les recomendé con insistencia que alejaran al gato y que Jeff decidiera qué clase de juguete no alérgico quería como substituto. Reiteré mis teorías sobre la torre de cubos y sobre el cubo enorme de infección como un estrés adicional. Les advertí acerca del peligro de establecer en su pecho esa respuesta alérgica crónica y recurrente. Confié en que hubieran escuchado con cuidado y se ajustaran a mis indicaciones. Cuando llego a este punto, no siempre remito a un niño a un alergista, pues sé que éste recomendará exactamente lo que yo les indiqué. Si la familia no me hace caso, recurro al alergista en su calidad de experto, a fin de presionar más a los padres para que se decidan. Éste es el momento crítico de tomar en serio las reacciones alérgicas.

INCLUYA AL NIÑO ASMÁTICO EN LA PREVENCIÓN Y EL TRATAMIENTO

Por primera vez tuve la sensación de que los Scott realmente estaban prestando atención. Cuando les hice preguntas, me di cuenta de que no habían tomado en serio mis sugerencias anteriores. Al hablar me dirigía a Jeff, pues en mi concepto era igualmente importante, o más aún, que él entendiera lo que estábamos haciendo y por qué. Cuando terminé, recordé a Jeff que contábamos con medicamentos que pondrían fin a su respiración resollante si los tomaba con suficiente anticipación cuando tuviera un resfriado. Me miraba fijamente cuando le hablaba al respecto. Quería hacerle entender que él podía dominar la situación. Lo insté a que me llamara él mismo si tenía más problemas. Ahora me estaba mirando seriamente y escuchándome mientras yo hablaba. Yo estaba bastante seguro de que había entendido.

El medicamento surtió efecto; controló este episodio. Cuando disminuyó, Jeff me llamó por teléfono para contarme que estaba mejor. Le pedí que respirara por el teléfono. No oí ningún resuello, y se lo dije. Respondió alegremente: "¡Lo arreglamos! ¡Me cambiaron toda la cama y mi cuarto está limpio, Dr. B!". Era grato oír el regocijo y la alegría en su voz. Era como si él hubiera hecho todo solo y tuviera una verdadera sensación de dominio. Ha tenido varios resfriados desde entonces, casi siempre seguidos de un ligero resuello al segundo o tercer día. Cada vez, sus padres me llamaban y estudiábamos el régimen de medicación. Hablamos de cuándo preocuparse lo suficientemente como para llamarme de nuevo. Percibí que, hasta cierto punto, esto aliviaba su angustia. Luego les pedí que me dejaran hablar con Jeff para repasar las mismas cosas con él.

La mejor arma contra el aspecto psicológico de esta enfermedad es incluir al niño en la prevención. De este modo puede empezar a entender su enfermedad y controlarla. En caso de que tenga una reacción más seria, el niño también puede ser incluido en la terapia. Cuando mejora, puede darse cuenta de que sabemos qué hacer para ayudarle.

En un niño que se está acercando a la adolescencia, llega a ser todavía más importante que las alergias sean controladas en la mejor forma posible. En el ejercicio de la pediatría he descubierto que un niño cuya enfermedad alérgica nunca ha sido demasiado crónica o demasiado difícil de tratar, tiene mayor posibilidad de superar las alergias durante la adolescencia. Muchos niños que han tenido estas tendencias en la preadolescencia, dejan de responder con enfermedades alérgicas del pecho o con vías respiratorias superiores congestionadas cuando van creciendo. Éste llega a ser un objetivo cuyo logro bien merece el esfuerzo.

Cuando estos remedios caseros no surten efecto, es hora de que un niño alérgico sea sometido al tratamiento más especializado de un alergista. Las pruebas alérgicas de la piel o la sensibilización a alergenos específicos surten efecto en algunos niños, pero no en otros. El uso rutinario de substancias similares a la aminofilina constituye una medida preventiva para otro grupo determinado de niños. La terapia de inhalación ciertamente ayuda en episodios agudos, y existen nuevos desarrollos en el área de la inmunología que les pueden servir a tales niños. La alergia es un campo fructífero, y enviar a un paciente en busca de ayuda profesional no tiene por qué ser señal de fracaso. Recomiendo que la familia, el pediatra, y especialmente el niño sean incluidos en las recomendaciones del alergista.

Para dominar la enfermedad, es de importancia crítica que el niño sienta que forma parte de su propia terapia. Vale la pena hacer cualquier esfuerzo por lograr este objetivo.

GUÍAS

1. En familias alérgicas, evite los alimentos alergénicos desde un principio. Por ejemplo, si uno de los padres tenía alergia a la leche durante la infancia, no use fórmulas de leche para bebé hasta que haya cumplido 6 meses. Darle el pecho es lo más seguro. Luego siguen los substitutos de soya, que satisfacen adecuadamente las necesidades del bebé. Después de los 6 meses, si le da leche al niño y muestra una reacción a ella, puede descontinuar la fórmula de leche.

2. Usted no debe dar al bebé alimentos sólidos antes de los 5 meses. Cada alimento nuevo debe comenzar a dárselo por separado —por lo menos con 1 semana de diferencia— de modo que una reacción (tal como vómito, diarrea o erupción cutánea) le indica a usted que el niño tiene sensibilidad a ese alimento determinado. Por lo tanto, se debe suprimir dicho alimento.

3. Los alergenos comunes —tales como el polvo, el moho, el pasto, el polen, el pelo o la piel de animal, los juguetes o animales rellenos de plumas, las almohadas de plumas, las mantas de lana, los colchones de crin—

deben ser removidos de la cama del bebé. Pueden desempeñar un papel complementario en la activación de la reacción alérgica.

4. Si a los niños pequeños les duran las infecciones respiratorias más de 1 semana o les producen una respiración resollante o una congestión poco común, los padres deben tomarlo como señal de que las alergias podrían estar desempeñando un papel sinérgico en la perpetuación del proceso infeccioso. Es aconsejable un enfoque vigoroso y preventivo de toda infección del aparato respiratorio superior.

5. El resuello asmático debe tratarse enérgicamente mediante una limpieza antialérgica del medio ambiente, con medicamentos que surtan efecto. Los antibióticos pueden ser necesarios para combatir la infección, pero la medicación antialérgica ciertamente es indicada. Hay que explicar al niño el uso de estos medicamentos, y cuando mejore se le puede recordar que le hicieron efecto. Reforzar su conciencia de que "sabemos qué hacer" cuando está enfermo, le dará una sensación de dominio que ayudará a combatir el pánico natural que posiblemente acompañe la dificultad para respirar.

6. Cuando un ataque de asma no responda a los remedios caseros, es importante administrar al niño adrenalina o aminofilina antes de que el ataque se prolongue demasiado tiempo. Entre otras cosas, cuando se comienza pronto el tratamiento, es más fácil romper el círculo

vicioso de respiración resollante y pánico. Es inmensamente reconfortante para un niño saber que la gente de su entorno sabe qué hacer para mejorarlo.

7. Incluir al niño explicándole lo que está sucediendo y cómo tratar su enfermedad, también puede proporcionarle una sensación de control. Los padres deben dominar su propio pánico para no reforzar el del niño. Éste puede ser el primer paso y el más difícil.

8. Cuando los remedios caseros y los formulados por el médico resulten ineficaces, es hora de consultar a un alergista, quien está en condiciones de resolver los factores etiológicos y recomendar el tratamiento adecuado. Uno de los aspectos más críticos de las enfermedades alérgicas de la infancia es tratarlas oportunamente, para evitar que se vuelvan crónicas y provoquen en el niño una sensación de impotencia. Una sensación de dominio es el antídoto crucial para los aspectos psicosomáticos de las alergias.

9. Si las alergias se pueden controlar durante un tiempo determinado, la posibilidad de que reaparezcan y se conviertan en una enfermedad crónica imposible de tratar disminuye con el tiempo. La adolescencia puede marcar un cambio decisivo, y son muchos los niños que superan las alergias cuando se producen los cambios de esta etapa. Tener presente esta posibilidad puede ayudar, tanto a los padres como al niño, a mantener una actitud optimista y positiva.

13

MOJAR LA CAMA: ¿DE QUIÉN ES EL ÉXITO?

"¿Cuándo me debe preocupar el hecho de que Bob se moje en la cama? Nunca parece prestarle atención a su cama mojada. Cuando menciono el problema, él cambia de tema y sé que, o bien le da vergüenza, o bien quiere olvidarse del asunto. Sea como fuere, me temo que cualquier cosa que yo haga empeorará el problema. Pero con todo, a la edad de 5 años sería de suponer que él quisiera estar seco de noche. Todos sus amigos lo están. ¿Acaso ya he cometido algún error? Me preocupo mucho por él, y lo sabe".

En esta conversación, una madre preocupada ha condensado los tipos de presión que los niños pequeños soportan cuando no han logrado permanecer secos de noche. Nuestra sociedad ha elegido la edad de 5 años como un límite arbitrario, después del cual mojarse en la cama es definido como un "problema". En muchos hospitales infantiles, esta mojada de cama (*enuresis*) es una de las razones más comunes por las cuales los padres traen a sus hijos preescolares para que les hagan una evaluación. La preocupación de los padres comienza a llegar a su punto culminante en nuestra sociedad después de la edad de 5 años y, sin embargo, son muchos los niños pequeños que todavía se mojan en la cama. Como lo expresó la señora Latham en el párrafo anterior, ¿debería ella preocuparse? ¿Empeoraría ella el problema si se preocupara? La respuesta a la última pregunta es sí. En cuanto a la primera, ella estaba preocupada, y Bob ya lo sabía. Sus intentos de enfrentar la ansiedad de su madre y la suya propia, cambiando de tema y no prestando atención, son los esfuerzos bastante denodados de un pequeño de 5 años por manejar sus propios sentimientos de fracaso respecto a este problema. Desde luego, es triste que un niño de 5 años ya tenga que considerarse como un fracasado a causa de esto. He atendido a niños pequeños en mi consultorio que me han preguntado en tono suplicante: "¿Seré capaz de hacerlo algún día?". "Hacerlo" significaba no mojarse de noche. Un sentimiento de desesperación nublaba sus ojos cuando acudían a mí en busca de ayuda. Se me partía el corazón viendo sufrir a estos pequeñuelos.

En nuestra sociedad, las niñas parecen acostumbrarse más fácilmente al uso del inodoro, y la mojada de cama es un problema que aflige casi exclusivamente a los varones. Controlar sus esfínteres durante el día es algo que tanto los niños como las niñas logran con más facilidad que controlarlos de noche. Sin embargo, las niñas pequeñas llegan a controlar sus esfínteres en el día cerca de $2\,^1/_2$ meses antes que los niños, y de noche logran esto con mucha más facilidad, a juzgar por un estudio de largo plazo que se llevó a cabo en 1961. En cualquier encuesta nacional hay muchas menos niñas que niños que mojan la cama de noche. Es probable que en el caso de las niñas que sí se mojan de noche, esto obedezca a causas físicas, tales como una infección urinaria o un control orgánicamente débil de la vejiga. Toda niña de 6 años que siga siendo enurética debe ser sometida a cuidadosos exámenes para descubrir la causa de estas dificultades.

FUENTES DE PRESIÓN

Hay muchas razones que explican esta diferencia entre los sexos. Las niñas tienden a ser más organizadas y llegan a controlar sus esfínteres y a usar el inodoro más fácilmente que los niños. A la vez, seguimos presionando más a los niños que a las niñas para que tengan éxito en todas las áreas. Se concede mayor valor al éxito de los niños. Que una niña sea enurética no es tan aterrador para sus padres o sus compañeritos como que lo sea un niño. A los ojos de la sociedad, tener éxito permaneciendo seco se compara simbólicamente con el éxito futuro como hombre. Quizás esto sea difícil de creer, pero realmente parece cierto en mi experiencia. Desde luego, esta presión tácita refuerza el aspecto psicosomático del problema. Como resultado, los niños tienen una experiencia diferente en cuanto al desarrollo de los hábitos urinarios. Muchos niños que han logrado controlar sus hábitos de día siguen siendo incapaces de permanecer secos de noche, durante mucho tiempo. Los padres informan que "ellos tienen un sueño demasiado pesado" o que tienen "vejigas pequeñas", o que "no les importa". Éstas son, en su mayor parte, justificaciones, pero indican la clase de dificultades que los niños afrontan.

Las primeras dos observaciones pueden ser válidas como factores que contribuyen al problema. Es poco probable que la última sea una evaluación correcta de la reacción del niño. Tan categórica es nuestra sociedad en sus expectativas, que a la edad de 5 años cualquier niño pequeño que todavía moje su cama habrá recibido un mensaje de fracaso. Aun cuando sus padres lo protejan, sentirá vergüenza frente a los niños de su edad. A los 4 años empieza la presión por parte de los compañeros de preescolar. Los pequeños de 4 años que se esfuerzan por lograr su propio éxito son tímidos, y es inevitable que comparen observaciones unos con otros. "Yo ya no me mojo. ¿Y tú?". "Mi mamá dice que sólo me mojo de noche una vez por semana". "¿Está tu cama *todavía* mojada? ¡La mía no!". Éstas son comparaciones familiares en su escenario de niños de 4 años. La presión por parte de los compañeritos para estar limpios y secos, ya está aumentando.

Después de los 5 años, un niño percibe claramente la

preocupación de los adultos que lo rodean, y empieza a "esconder" su defecto. Si lo consigue, sus padres son los únicos que, en secreto, están enterados de su fracaso. Pero se ve obligado a rechazar cualquier invitación a pasar la noche en casa de sus amigos. Sentirá pavor ante una visita donde los abuelos, por miedo de que también ellos lo desprecien. Tiene que empezar a demostrar su capacidad en otros campos. El concepto que tiene de sí mismo como niño capaz de competir en los deportes, en el colegio y con su grupo de compañeros, tiene que estar forzosamente obscurecido por este síntoma. Como padre, uno quisiera ayudarlo a desentenderse de tal presión o a mitigársela. La declaración de la señora Latham refleja el hecho de que ella está consciente de este peligro; ella quiere ayudar a Bob antes de que esto afecte todo su proceso de adaptación. Cuando él jugaba en mi consultorio mientras nosotros charlábamos, se mostró una vez preocupado y otra bravucón, jugando de manera agresiva y ruidosa cuando hablábamos de su cama mojada. Su madre y yo de repente nos dimos cuenta de que debimos haber discutido esto en privado, aunque con frecuencia descubro que un niño siente que se está hablando de él tras la puerta cerrada de mi consultorio, y eso le produce la misma angustia. Por esta razón pido a los padres que me llamen por la mañana el día de la cita, para que podamos discutirlo sin su presencia. Me pueden poner sobre aviso, puedo formarme una idea de los problemas que existen, y si después de esto parece aconsejable discutir cualquiera de ellos con el niño, puedo tomar la decisión cuando él este allí. Discutir el problema frente a él puede ser útil si la discusión sirve para estimularlo a que manifieste sus sentimientos y abandone la idea de que es un fracasado. Pero si sus defensas son demasiado fuertes y la angustia acerca de sí mismo ya está demasiado arraigada, puede que esto no dé resultado. Lo examiné. Cuando empecé a hacerlo, evidentemente estaba angustiado. Cuando escuché el latido de su corazón y cuando le palpé el abdomen, se mostró preocupado: "¿Estoy bien?". Cuando traté de bajarle los pantalones para examinarle el pene, se deshizo por completo. Gimió y lloró. Agarró apresuradamente su ropa interior. Cruzó las piernas para impedirme que curioseara. En ocasiones anteriores siempre había estado tranquilo conmigo. Ahora me estaba mostrando cuán vulnerable se sentía. Me estaba diciendo con claridad que sabía que él era "malo" o "anormal".

¡Qué presión tan cruel para un niño de sólo 5 años! ¿Cómo ha podido surgir en una familia que se interesa y se preocupa? La señora Latham ya tiene la misma sensación de fracaso que Bob. Sus sentimientos por fuerza tienen que reforzar el uno al otro de manera inconsciente, por mucho que traten de disimularlos. ¿Cuándo, en verdad, debe ella tomarlo en serio como una fuente de fracaso en su desarrollo? ¿Cuándo debe ella hacerlo examinar para detectar posibles defectos físicos o psicológicos que pudieran contribuir a este problema? ¿Y cómo puede ella tranquilizarlo acerca de sí mismo?

El doctor Ronald MacKeith de Londres escribió en

1973 una monografía sobre algunos aspectos fisiológicos de este problema de la mojada en la cama*. Estaba convencido de que había muchos niños cuya vejiga era pequeña y seguía siendo inmadura durante años, mucho después de que otros niños lograban controlarla con facilidad. Estos niños (rara vez se trataba de niñas) tenían que orinar con mayor frecuencia, tanto de día como de noche. Para ayudarlos a lograr el control durante la noche, recomendó que durante el día trataran de contener la orina por períodos cada vez mayores para que "su vejiga se dilatara" y aprendieran a controlar sus esfínteres mientras estuvieran despiertos y conscientes. Este control consciente podía hacerse extensivo a las horas de sueño. Esto surtió efecto en el caso de algunos de ellos, pero no de muchos. Quedaba un enorme número de niños en cuyo caso cualquier inmadurez física era eclipsada por la sensación psicológica de fracaso que habían desarrollado. Este control durante el día no se hacía extensivo a la noche. Por desgracia, para tales niños ni siquiera contamos con técnicas eficaces que puedan definir qué parte de su problema es físico. Los rayos X no constituyen una ayuda suficiente, y por el momento no existen otras pruebas que puedan clasificar a estos niños como físicamente inmaduros. Cuando son catalogados como enuréticos, es probable que ellos se consideren fracasados.

---

* Kelvin, I., MacKeith, R. C., y Meadow, S. R., "Control de la vejiga y enuresis", *Spastics International* Mono, Nos. 48, 49, 1973.

ENTRENAMIENTO BÁSICO PARA EL CONTROL DE ESFÍNTERES

Mi enfoque personal con respecto a este problema en mi práctica pediátrica ha sido tratar de *prevenir* esta sensación de fracaso. Una rutina que he recomendado a los padres ha probado su eficiencia en miles de niños. Un comienzo feliz del temprano control de esfínteres puede ayudar a evitar problemas posteriores*. En algún momento después de que el niño haya cumplido 18 meses, una "sillita para hacer sus necesidades" colocada en el piso es introducida como su "propia silla". La asociación entre ésta y el inodoro de los padres se hace verbalmente. A una hora rutinaria, la madre todos los días lo lleva a sentarse en su sillita con toda la ropa puesta. De otra manera, la sensación desconocida de una silla fría puede interferir cualquier cooperación futura. A esta hora, ella se sienta con el niño, le lee cuentos o le da una galleta. Puesto que está sentado en una silla en el suelo, queda en libertad para irse cuando quiera. Nunca debe haber coerción o presión para que se quede.

Después de 1 semana o más de cooperación del niño en esta parte de la empresa, se puede seguir con la misma rutina durante algún tiempo, sentándolo en la sillita sin

---

* Véase Brooks, J. S., y el personal del Centro Médico Infantil de Boston, *No more Diapers!* [¡No más pañales!], Nueva York: Delacorte Press, 1971. Véase también Brazelton, T. B., *Doctor and Child* [El médico y el niño], Nueva York: Delacorte Press, 1976.

sus pañales. Todavía no se hace ningún intento por "atrapar" su evacuación o su orina. "Atrapar" su evacuación habiendo llegado a este punto, puede asustarlo y dar por resultado que después de eso "retenga" la evacuación durante un período más prolongado. Esta introducción gradual de la rutina se hace para evitar que se establezcan temores a lo extraño y a perder parte de sí mismo.

Cuando se logre despertar su interés en estos pasos, puede ser llevado a su sillita una segunda vez durante el día. Esto podría hacerse después de que haya ensuciado los pañales, para cambiarlo en la silla, dejando caer el pañal sucio debajo de él en la taza e indicándole que ésta es la función final de su sillita.

Cuando algo de comprensión y el deseo de ajustarse a la rutina coincidan, algún día el niño habrá de usar el bacín en un recorrido de rutina. Luego puede ser llevado varias veces al día para "atrapar" su orina o su evacuación, siempre y cuando continúe dispuesto a hacerlo.

Cuando el interés en el desempeño va aumentando, se hace posible el siguiente paso importante. Los pañales y los pantalones se quitan durante breves períodos, la silla para hacer sus necesidades se coloca en su cuarto o área de juego, y se le indica que él puede hacerlo solo. Se lo estimula a que use su propio bacín cuando quiera y por sí mismo. Se le puede recordar periódicamente. Cuando esté listo para desenvolverse por él mismo, esto llega a ser un logro emocionante, y llegado a este punto, muchos niños asumen completamente esta función. Se pueden introducir pantalones de entrenamiento; se enseña al niño la forma de quitárselos, y ellos pueden ayudarlo a producir un control autónomo. La emoción que el niño siente cuando domina estos pasos hace que valga la pena posponerlos hasta que esto sea posible.

Enseñar a un niño a orinar de pie es un incentivo adicional. Lo ayuda a identificarse con su padre, con otros niños, y con frecuencia constituye una salida para algún grado de exhibicionismo. La forma más fácil de aprender a orinar de pie es observando e imitando a otras figuras masculinas. Se recomienda introducir este paso después de que haya terminado su entrenamiento en el control de esfínteres. De lo contrario, el muchacho podría tratar de hacer todas sus necesidades de pie.

Es aconsejable posponer el entrenamiento durante las horas de la siesta y de la noche, hasta mucho tiempo después de que el niño muestre interés en permanecer limpio y seco durante el día. Esto puede ser 1 ó 2 años más tarde, pero a menudo coincide con el control logrado durante el día. Cuando el niño muestre interés en el entrenamiento de noche, los padres pueden brindarle ayuda, despertándolo durante la noche y dándole la oportunidad de "ir al baño". Un bacín con pintura luminosa junto a su cama es, con frecuencia, un "truco" útil. Se le recuerda que está ahí para usarlo también en las primeras horas de la mañana. Algunos niños que están ansiosos de permanecer secos durante la noche, han necesitado de la ayuda adicional de los padres para despertarse temprano por la mañana.

Si no le prestan esta ayuda, fracasan en sus esfuerzos durante la noche, pierden interés y se sienten culpables de su fracaso. La consecuencia puede ser la enuresis y la "rendición".

El éxito se aplaude como algo que el niño ha logrado, pero cuando hay un fracaso, se insta a los padres a que interrumpan el proceso y reconforten al niño. Hay que devolverle la confianza en sí mismo, asegurándole que no es "malo" por el hecho de haber fracasado en su empeño, y que todo se solucionará cuando esté "listo". Cuando examiné las historias del grupo de niños que siguieron el régimen que sugerí, descubrí que la incidencia de fracasos (según eran definidos por la enuresis, el estreñimiento crónico y los síntomas "psicosomáticos" en las áreas de evacuación del vientre o la vejiga, en los cuales se podía influir mediante entrenamiento en el uso del retrete) representaba sólo el 1.4%. Éste es un porcentaje muy bajo en comparación con las estadísticas disponibles de encuestas llevadas a cabo en los Estados Unidos y Europa. En los Estados Unidos, país en donde el entrenamiento con presión en el control de esfínteres no ha sido tan común, se estima que la enuresis podría afectar del 5 al 8% de los niños. En Inglaterra se registraron en 1965 cifras tan elevadas como el 15%. Los autores ingleses sostienen que esta diferencia tiene que ver con el entrenamiento con presión en el control de esfínteres que imponen a los niños, y señalan que los padres comienzan a presionar a sus hijos durante el primer año. Nuestra sociedad ha aprendido a esperar hasta el segundo año y a tratar de despertar el interés y la cooperación del propio niño.

Ahora estoy seguro de que el éxito en el área del control de esfínteres debe ser un logro autónomo del propio niño, y no un éxito de los padres mediante la elección de la técnica correcta para "entrenarlo". A menos que el niño sienta que es algo que él quiere lograr, los esfuerzos de los padres siempre serán considerados como una presión. Por otra parte, cuando se puede desarrollar un régimen para captar el interés del niño y su incipiente independencia, la emoción de lograr el éxito llega a ser una poderosa fuerza adicional para el niño. En *El médico y el niño*, insto a los padres a que examinen sus propios sentimientos de presión por parte de la sociedad para entrenar al niño en el control de esfínteres desde muy temprana edad.

Al decidir si un niño está listo, los padres pueden buscar lo siguiente: 1) El deseo de imitar a otros e identificarse con ellos (edades $1 \frac{1}{2}$ - 2 años); 2) el sentido de ejercer control y tomar decisiones en cuanto a dónde y cuándo deshacerse de partes importantes de sí mismo (tales como evacuar el vientre y la vejiga) que acompaña al concepto de la permanencia de personas y objetos importantes (a finales del segundo año); 3) el sentido incipiente del orden y del puesto que le corresponde a cada cosa (a la edad de 2 años); 4) las habilidades motrices para dirigirse al retrete e irse de éste (18 - 24 meses); 5) el comienzo del control sobre el negativismo, y la autonomía que lo acompaña (a finales del segundo año); 6) conciencia de los compañeros y de sus logros en esta área (2 - 3 años); y 7) la habilidad de hablar y formarse un concepto de los complejos mensajes que son necesarios en esta área —de sentir la necesidad de orinar o defecar, y aguantar hasta llegar a un sitio especial que la sociedad designa para tales funciones (3 - 5 años). Al final del segundo año, el niño habrá madurado en todos estos aspectos. Antes de ello, cualquier entrenamiento debe ser impuesto por otros, y no será por propia iniciativa del niño.

DEJE QUE EL NIÑO SE HAGA CARGO

No cabe duda de que en la actualidad, los padres norteamericanos están más conscientes que antes de la importancia de fomentar el interés y la cooperación del niño. En los 30 años que han transcurrido desde que empecé a ejercer la pediatría, la incidencia de fracasos ha disminuido extraordinariamente, lo cual me parece que demuestra el valor de un enfoque orientado hacia el niño. Pero aún persisten algunas presiones sobre los padres. Algunos expertos aconsejan "entrenar a un niño de 2 años en 24 horas", o un programa de refuerzo negativo usando una alarma o un dispositivo de señal instalado en la cama del niño que se activa cuando éste se moja; o un sistema de refuerzo positivo en el cual al niño se le da una galleta, un dulce o una estrella dorada cuando tiene éxito. Todos estos programas son orientados a los padres, e implican que es responsabilidad de ellos velar porque el niño tenga éxito. El fracaso en una o en todas estas áreas implicará que tanto los padres como los niños fracasaron. También, en vista de que la implicación de tales programas es que son eficaces para los demás, las familias que "fracasan" se sienten todavía más ineptas y aisladas.

Yo instaría a todos los padres a que evaluaran sus objetivos en esta área de entrenamiento en el control de esfínteres antes de que el niño cumpla 18 meses. Cuando puedan concebir el objetivo como éxito del niño y no como éxito de ellos, pueden ponerse a la tarea de desviar su propia participación. Cuando nuestro cuarto hijo tenía 6 años, todavía se mojaba en la cama. Para mí, eso era una ofensa personal. Me sentí un fracasado en mi calidad de padre, y preveía una deteriorada imagen de sí mismo en el futuro de mi hijo. Con objeto de protegerlo, pero al mismo tiempo haciéndole saber de manera sutil cómo me sentía, todas las mañanas lo ayudé a cambiar sus sábanas mojadas. Un buen día, este jovencito reservado de 6 años me dijo: "Papito, ¿por qué te enojas tanto cuando mojo la cama?". Repliqué con bastante enfado: "¡No estoy enojado!". El contestó: "Sí lo estás". Nunca volví a hablar de esto. Dejé de "ayudarlo", y al cabo de una semana estaba seco de noche. Él me demostró lo que yo les había predicado a otros durante años: que lo convertí en problema mío, en vez de dejar que él lo resolviera.

Cuando el niño obtiene buenos resultados, ciertamente hay que reconocérselos, pero un énfasis exagerado puede reforzarlos en forma desproporcionada al valor que representan para el niño. En otras palabras, ¿puede usted interpretar los sentimientos del niño sobre el éxito o el fracaso? ¿Puede usted lograr verlo como lo ve él, y no como lo ve usted o la sociedad? Sé que es un cometido difícil, porque cada niño es diferente y no hay pautas universales; pero un niño cuya maduración en esta área —ya sea física o psicológica— es más lenta que la de otros niños que hay a su alrededor, podría necesitar apoyo. Quizá requiera verse a sí mismo como alguien que se desarrolla más lentamente —pero con la seguridad de que se está desarrollando. En cualquier área es penoso ser más lento que los compañeros. Sin embargo, entender que uno puede ser lento, pero que con el tiempo puede alcanzar a los demás, resulta en extremo reconfortante. Un niño sabe instintivamente que el fracaso en un área equivale a ser "malo". La certeza de que eso es distinto, e inclusive difícil, pero no malo, puede ser un mensaje importante. También lo es ayudar al niño que moja su cama a darse cuenta de que en su caso lograr el éxito posiblemente tome más tiempo, y que cada niño necesita esperar a que le llegue su momento.

Elogiar la maduración y el éxito del niño en otras áreas de su desarrollo puede ser una forma indirecta pero importante de brindarle apoyo. Como sucede con muchos de los problemas que hemos discutido, los esfuerzos por dar a un niño un tiempo especial para que se identifique con su padre, a una niña para que se identifique con su madre, y a cada uno con el padre del otro sexo, puede ser muchísimo más acertado que cualquier esfuerzo dirigido hacia el síntoma mismo.

GUÍAS

Cuando el niño da muestras de que quiere ayuda para permanecer seco de noche, hay algunas medidas que podrían ser útiles. Es probable que no tengan éxito por arte de magia, y no hay que verlas como si la victoria o la derrota dependiera de su uso:

1. Los padres pueden despertar al niño para que orine antes de acostarse ellos. El niño debe levantarse para ir al inodoro. De nada sirve llevarlo medio dormido para que evacue su vejiga. Si está dispuesto a ir solo, puede aprender a despertarse por sí mismo. Luego puede recordársele que por la mañana temprano es otra hora donde conviene tratar de despertarse. Un despertador o un radiorreloj puede ser útil, aunque rara vez he visto que esto dé resultado. Cuando esté listo para despertarse porque su vejiga está llena, logrará romper su propio patrón de sueño profundo.

2. Un viaje especial con su padre a comprar una bacinilla y colocarla junto a su cama puede ser un símbolo del apoyo de su padre en este paso tan difícil. Los dos como un "equipo" pueden revestirla de pintura luminosa para que se ilumine de noche. Cuando su padre lo

despierte de noche, puede usar esta bacinilla especial junto a su cama para no tener que hacer todo el recorrido al baño. Sin embargo, esto no debe convertirse en otra fuente de presión.

3. Se requieren de esfuerzos sutiles para evitar que se sienta demasiado culpable —como seguir poniéndole pañales hasta que esté listo para permanecer seco. Es embarazoso haber empapado toda la cama sin darse cuenta.

4. Cuando el niño quiera discutirlo, los padres pueden hablarle de su desarrollo individual, de las presiones que enfrenta y de los problemas de la maduración de su vejiga que pudieran estar interfiriendo en el éxito en esta área. Si es un verdadero diálogo, la discusión puede ser enormemente reconfortante para él. La actitud que usted asuma y el tono que utilice para hablarle pueden manifestar la ausencia de angustia. Una discusión de esta índole puede tranquilizar a un niño que está más que dispuesto a compararse con sus compañeros más exitosos.

5. Es preciso que todos revaluemos el punto límite "mágico" de 5 ó 6 años. Aquí se origina la presión que la sociedad ejerce en los niños, que podrían tener razones bien sea físicas o psicológicas para que su maduración sea más lenta —y la presión todavía mayor sobre los padres. Debemos tener cuidado de no definir el éxito o el fracaso en el desarrollo del niño en una

forma que pueda afectarlo a él y a su futuro. No se debe permitir que un síntoma de mojada de cama haga que un niño se sienta un fracasado ante la sociedad, cuando podría llegar a ser un motivo de logro y orgullo.

14

HAY QUE ESCUCHAR AL NIÑO HOSPITALIZADO

"A Tommy le tienen que extirpar las vegetaciones adenoideas la semana próxima. Él está asustado, y yo también. ¿Cómo lo preparo? ¿Sí debo hacerlo? ¿Debo tratar de quedarme con él? ¿Qué puedo esperar de él cuando regrese a casa? ¿Estará enojado conmigo, y será difícil de manejar? ¡Me dan ganas de llorar tan sólo de pensar en esto!".

La señora Landis era una madre joven, seria y capaz, que quería hacer todo lo que pudiera por sus hijos. Tommy era un pequeñín de 5 años que sufría tantos dolores de oído y prolongados ataques de amigdalitis y vegetaciones adenoideas, que todos estábamos desesperados. Había pasado el invierno tomando antibióticos, sometido a un tratamiento para infecciones del oído que con nada se curaban. Estaba ojeroso, pálido y agotado. Ya no podía respirar por la nariz, a causa de las vegetaciones adenoideas y con su ronquido de noche toda la casa retumbaba. Poco podía oír cuando le hablaban. Ahora estaba sentado en silencio en un asiento, en el otro extremo del consultorio, resignado a estar enfermo y a no entender la mayor parte de la conversación sostenida a su alrededor. Era una copia lastimosa del niño vigoroso y juguetón del año anterior. Pese a nuestros esfuerzos por evitar una operación, ahora parecía que el único remedio era extirparle las inmensas vegetaciones adenoideas que le obstruían la respiración y le bloqueaban los conductos internos de los oídos. Sus desesperados padres estaban dispuestos a hacer cualquier cosa para evitar una repetición del invierno por el que acabábamos de pasar. El mismo Tommy parecía esperar con ilusión el momento en que volvería a sentirse bien, y también parecía comprender que lo único que se podía hacer era recurrir a una operación. Su callada pasividad parecía representar la paciencia propia de una persona mucho mayor, resignada a esperar algún alivio —de *cualquier* clase.

PROCURE QUE LA HOSPITALIZACIÓN SEA UNA EXPERIENCIA POSITIVA

Las preguntas que hacía la señora Landis eran las de una madre inteligente y amorosa que se estaba preparando, al igual que su hijo, para el inminente trauma que representaba una hospitalización. Gracias a líderes tan elocuentes como John Bowlby y los Robertson en Inglaterra, todos estamos muy conscientes de los efectos potencialmente traumáticos que puede ejercer una hospitalización en la vida emotiva de un niño en desarrollo. La separación del hogar y de los padres, lo mismo que el dolor y la enfermedad concomitantes, son todos agravios potenciales al desarrollo del niño. En los últimos años, los hospitales infantiles han empezado a cambiar drásticamente, incluyendo a los padres en las salas, y elaborando programas más activos para los niños en el campo de sus necesidades emocionales, con el propósito de mitigar el potencial efecto psicológico de la enfermedad y de la separación del hogar. Las organizaciones de padres, como la que se denomina Padres Preocupados por los Niños Hospitalizados*, u otra, Los Niños en Hospitales**, se han formado para subrayar la urgente necesidad de hacer cambios en los procedimientos hospitalarios, a fin de tratar al niño globalmente y de ocuparse de sus reacciones al hecho de estar enfermo y hospitalizado, en lugar de limitarse a tratar su enfermedad, como lo estuvimos haciendo en el pasado.

Las preguntas de la señora Landis llevaban implícita la convicción de que si ella hacía lo correcto, le podría mitigar el golpe a Tommy. Yo estaba completamente de acuerdo con ella y agregué mi firme convicción de que un niño puede aprender algunas cosas bastante positivas de

---

* Presidente: Señora Judy Grove, 176 N. Villa Park, Illinois, 60181, U.S.A.
** #1 Wilshire Park, Needham, Massachusetts, 12192, U.S.A.

una experiencia hospitalaria y una operación, si esto se maneja en forma adecuada. Una gran parte de lo que uno aprende acerca de sí mismo en la niñez ocurre en situaciones estresantes. Y si un niño aprende que puede enfrentar el dolor y el hecho de hallarse en un lugar extraño y atemorizante lejos de casa, si puede aprender a desenvolverse solo, de vez en cuando, si puede ver que las personas como médicos y enfermeras quieren ayudarlo a pesar de que lo lastiman, y si puede ver que la operación logró que se sintiera mejor —todo esto puede constituir una experiencia positiva en cuanto a aprender a dominar al mundo. Estoy convencido de que inclusive los niños pequeños pueden lograr tener confianza en sí mismos y en los que los rodean por medio de una experiencia de esta clase.

Hemos descubierto que no sólo podemos evitar las reacciones traumáticas a la separación y al dolor de una hospitalización, preparando a los niños pequeños en forma apropiada, sino que nos ha impresionado el hecho de que muchos niños pueden emplear una experiencia hospitalaria como algo positivo. Si la sortea con éxito y con apoyo moral, si puede manejarla, puede tener la sensación de que ha logrado algo *por sí mismo*. En otras palabras, el niño puede concebir la experiencia como una muestra de que es capaz de enfrentar las dificultades con éxito. Vale la pena ayudarlo a alcanzar esta meta.

PREPARE AL NIÑO

Es importante que los adultos ayuden al niño en todo lo que puedan, y la señora Landis estaba consciente de ello. Me fue posible contestarle su primera pregunta sin escrúpulo alguno. No cabía duda de que debía y tenía que preparar a Tommy para todos los aspectos de la hospitalización que le fueran posibles. Debía contarle al niño, con todos los detalles que ella misma conocía, lo que podía esperar. En la mayoría de los hospitales pediátricos hay folletos disponibles que explican en forma detallada los procedimientos que son de esperar. Estos folletos son descriptivos y ayudan a la madre y al niño a estar preparados para los pasos que se darán en relación con cualquier admisión. Luego es importante que los padres describan más detalladamente las cosas que quizás el niño tendrá que enfrentar en sus propias circunstancias. Si un padre no sabe qué cosas serán, debe llamar al consultorio del cirujano o al hospital y solicitar detalles de lo que pueden esperar. La preparación *por parte de los padres* para cada uno de estos pasos, constituye un respaldo enormemente importante y reconfortante para el niño.

Quisiera que fuera posible organizar visitas de preadmisión en todos los hospitales, para los niños que han de ser admitidos. Lo hemos hecho en el Hospital Infantil de Boston, y da excelentes resultados. Ver realmente una situación atemorizante con anticipación, sobre todo en compañía de los padres, puede ser reconfortante. Sabemos que a los niños que tienen que ser sometidos a cirugía cardiaca les va mucho mejor en el período postoperatorio crítico si les han mostrado una carpa de oxígeno y les han permitido meterse en una de ellas, si los han llevado a una sala de recuperación y a la sala donde recibirán tratamiento, y si se les ha presentado a un niño que haya pasado por todo esto y está en vías de recuperación. Este último paso es de gran importancia, pues los niños son como los adultos: pueden superar una gran cantidad de angustia y dolor si saben que alguien con quien puedan identificarse lo ha logrado. Los niños que no están tan enfermos como estos pacientes cardiacos ya operados, también pueden sacar provecho al conocer qué ha de suceder y que otros han pasado por lo mismo. Recuerdo un aterrorizado niñito negro que estaba sentado totalmente erguido, meciéndose en su cuna luego de una operación, chupando dedo y aferrándose a una prenda de vestir de su madre que ésta le había dejado. Cuando se mecía y gemía de dolor, tarareaba incesantemente una tonada y susurraba palabras al son de la misma. Cuando me agaché para escuchar sus palabras, estaba cantando una y otra vez para sí mismo: "Mi mamita me dijo que esto iba a suceder". En efecto, le había dicho algunas de las cosas que podía esperar, pero no todas. Pero el hecho de que ella hubiera resuelto prepararlo para algunas de ellas, sirvió de apoyo al niño cuando su madre no estaba a su lado. Se aferraba al recuerdo de las palabras de su madre y a la bufanda que le había dejado, como si ella estuviera ahí. Para él fue de importancia crítica que su madre lo hubiera preparado, cuando se iba adaptando a la hospitalización y al trauma que sigue a la operación. Al regresar a su casa, no la perdía de vista ni un solo instante. Por lo demás, tuvo una recuperación sorprendente. Más tarde recordó que ella había estado a su lado "la mayor parte del tiempo".

Nuestro Museo Infantil de Boston cuenta con una muestra de exposición popular que prepara a centenares de niños que podrían ingresar en el hospital sin ningún aviso previo. La muestra consta de muy pocas cosas fuera de una cama de hospital, una serie de batas blancas y unos cuantos estetoscopios, objetos que dan a los niños la oportunidad de jugar a que están enfermos en el cuarto de hospital. Siempre está atestado de niños, y no son raras las ocasiones en que uno puede oír a un niño contarle lleno de orgullo a su pasmado compañero su experiencia en un hospital. Estoy seguro de que inclusive una exposición tan superficial como esta muestra se convierte en un recuerdo tremendamente reconfortante para un niño atemorizado, cuando debe ser admitido con mucho dolor en una cama de hospital.

La señora Landis se estremeció cuando le indiqué que advirtiera a Tom respecto a las agujas y las inyecciones necesarias y que le dijera que ella tenía que dejarlo en el momento de la operación, y que también le hablara del dolor de garganta que él iba a tener cuando terminara la operación. "Pero ¿no se asustará si le cuento todo esto antes de la operación? ¿No sería más fácil para mí consolarlo

cuando todo haya pasado y ayudarlo en ese momento?".
Estaba de acuerdo con ella: contarle las cosas con demasiada anticipación (más de 1 ó 2 días) era innecesario. Pero
si ella podía manejar su propia ansiedad acerca de estos
hechos necesarios, el recuerdo de su explicación la recon-
fortaría cuando éstos se presentaran. Lo desconocido y lo
inesperado son mucho más atemorizantes para los niños
que el miedo al dolor para el cual están preparados, aunque
puede que protesten más vigorosamente en ese momento.
Además de la ansiedad que se disipa con la preparación
para cada uno de los pasos de una experiencia como ésta,
la confianza que el niño deposita en sus padres, lo mismo
que en su capacidad de protegerlo, se ve tremendamente
reforzada si ve que ellos mismos no están abrumados por
esta nueva y extraña experiencia.

Cuando tomamos una muestra de un grupo de
padres que llevaban a sus niños pequeños al Centro Médico
del Hospital Infantil de Boston para admisiones progra-
madas, padres a quienes se les había recomendado preparar a sus hijos con ayuda de un folleto que describía el
hospital y sus procedimientos, descubrimos que sólo un
15% de estos padres habían leído el folleto a sus hijos antes
del ingreso. Tratamos de averiguar por qué estos padres,
presumiblemente bienintencionados, habían hecho caso
omiso de nuestro consejo de preparar a sus niños. En todos
los casos, admitieron tímidamente que ellos mismos eran
incapaces de afrontar la separación y el trauma inminentes,
y que no soportaban discutirlo con el niño. Como sabíamos

que era importante para el niño que sus propios padres lo discutieran con él, dispusimos que un miembro de nuestro equipo acompañara a cada uno de estos padres mientras leía el folleto al niño —a menudo con lágrimas. El valor que esto tenía para el niño luego de ser admitido en la sala del hospital era tan obvio para nosotros, que hemos seguido presionando a los padres para que preparen a cada niño. Cuando lo hacen, los niños no se asustan ni se encierran tanto en sí mismos, y duermen, comen y se recuperan mejor, tanto en el hospital como al regresar a casa.

Insté a la señora Landis a que averiguara todos los detalles que pudiera sobre las cosas que Tommy tendría que hacer, el lugar donde iba a quedarse, la clase de medicamentos, la anestesia que le iban a aplicar, y cuánto tiempo iba a permanecer hospitalizado, y ella accedió a contarle la verdad acerca de todos los detalles que sabía —la víspera del ingreso. En caso de que hiciera preguntas —confiábamos en que esto no sucedería— ella debía contestarlas en forma tan exacta y detallada como pudiera. Le recomendé con insistencia que me llamara si no sabía qué decirle o si vacilaba; así, yo podría recordarle cuán importante era todo esto para Tommy.

"¿Qué otros preparativos podrían ser beneficiosos para él?". Tommy tenía un oso de peluche que adoraba, que estaba estropeado, raído y había perdido su relleno. Le recomendé que lavara su osito y le remendara sus costuras para que su contenido no se regara por toda la cama del hospital. Yo quería que el personal del hospital lo respetara como un importante compañero de Tommy en su aflicción. Las cosas que tienen mucho valor para el niño, su propia ropa e inclusive una fotografía de su familia, le proporcionan un gran consuelo en un momento como éste.

PERMANEZCA EN EL HOSPITAL

En respuesta a su pregunta acerca de si debía estar al lado de él en el hospital, fui tan categórico como pude. "Claro que sí. Éste es un momento donde el niño necesita más que nunca sentirse seguro y reconfortado. ¿Qué razón hay para que usted y su padre no sean quienes le brinden esa seguridad?". Ella contestó que el personal del hospital donde iba a ingresar Tommy no veía con buenos ojos que los padres estuvieran por ahí. Habían dicho que las enfermeras y los médicos eran quienes más sabían con respecto a cómo cuidar a un niño enfermo, y que con frecuencia los padres interferían porque se inquietaban y se angustiaban en exceso, transmitiendo al niño su propia ansiedad. El personal hospitalario también se había dado cuenta de que los niños lloraban más cuando los padres estaban con ellos, y permanecían más tranquilos y descansaban mejor sin ellos. En vista de que se trataba de una breve permanencia de 2 días, el personal del hospital estaba convencido de que era mejor que dejaran solo al niño para que se recuperara, y lo recogieran al día siguiente de la operación.

Cuando le pregunté a la señora Landis qué pensaba de todo esto, dijo: "Bueno, en realidad no lo creo. Pero si yo tengo la culpa de que Tommy haya estado tan enfermo, posiblemente le vaya mejor con el personal médico más competente. Lo cierto es que no sabría cómo cuidarlo. Estoy segura de que lloraría más si yo estuviera allá. Así que estaba dispuesta a aceptar las explicaciones de ellos —hasta que hablé con usted. Ahora usted me hace sentir culpable por tener miedo de luchar por estar al lado de Tommy".

En esta aceptación bastante triste de los dictámenes del hospital, yo podía ver toda la impotencia y la culpabilidad que las madres sienten ante cualquier enfermedad que sus hijos padezcan. Pienso que es natural que una madre preocupada se sienta hoy en día culpable de cualquier cosa que les suceda a sus hijos, ya sea porque realmente deba considerarse culpable, o no. El sentimiento de que cualquier cosa que salga mal es responsabilidad del adulto, es inherente a la preocupación por un niño. Con bastante frecuencia, tal como sucede en el caso de la señora Landis, este sentimiento de responsabilidad e ineptitud no se basa en la realidad; al mismo tiempo, dificulta las cosas que hay que hacer por el niño. Esta sensación de impotencia de las madres es comprensible en presencia de un personal hospitalario experto y abrumador, que se aprovecha de los sentimientos de culpabilidad e ineptitud. Los padres sienten lo mismo; ellos pueden reaccionar en forma exagerada a estos sentimientos y volverse agresivos o belicosos con el personal hospitalario, el cual ni siquiera hace el intento de comprenderlos. En esta situación, los padres realmente llegan a convertirse en un problema para el hospital y pueden dificultar el cuidado óptimo del niño. En los hospitales donde el personal se capacita para considerar estos sentimientos de los padres afligidos como naturales y saludables, y donde se han hecho arreglos para hacer participar a los padres en el cuidado del niño enfermo, estos mismos padres "impotentes" pueden constituir gran ayuda. En la Unidad de Participación de los Padres del Hospital Infantil de Riley con sede en Indianapolis, los costos de la atención hospitalaria no sólo se han reducido a la mitad, sino que los niños se mejoran más rápidamente, y los padres *aprenden* a cuidar a sus hijos enfermos mientras éstos (y los padres) están bajo la supervisión segura de un personal hospitalario experto. Los padres, desde luego, se asustan y se sienten ineptos e impotentes cuando su hijo está enfermo, pero pueden aprender, y aprenden a arreglárselas con muy poca ayuda. La importancia que esto tiene para el niño enfermo es obvia: no sólo el hecho de tener a sus padres cerca, sino de verlos desempeñar el papel familiar de cuidarlo. Quizá pueda volver a ver la antigua imagen de sí mismo, saludable, en vez de la nueva imagen de enfermo. A lo mejor podrá manejar su enfermedad en forma más adecuada.

Yo no creo que a los niños les vaya mejor con extraños, por muy competentes que sean. No creo que los padres transmitan su propia ansiedad al niño, a menos que no tengan otra forma de desahogarse. El personal hospitalario debe ser capaz de reconocer esta ansiedad y de ayudar a los padres a superarla. Estoy seguro de que no es perjudicial para los niños llorar cuando se sientan desdichados o sufran dolor. En realidad, más bien pienso que es bueno para ellos en un momento así; el llanto estimula vigorosamente el sistema vascular y el respiratorio y esto, inclusive, puede acelerar la recuperación. También produce a los niños la sensación de poder hacer algo acerca de su aflicción, de poder protestar con la esperanza de encontrar alivio. Cuando se sienten realmente aliviados y comienzan a recuperarse, inclusive pueden creer que eso se debe al hecho de que protestaron. ¡La protesta es un mecanismo saludable! John Bowlby, un eminente analista inglés de niños, señaló que había tres etapas de reacción de los niños cuando estaban enfermos y hospitalizados: 1) protesta; 2) desesperación, con frecuencia observada en los niños que son "demasiado buenos" y aceptan todo lo que les hacen sin protestar jamás; y 3) ensimismamiento y depresión severa —observada en niños que literalmente se vuelven hacia la pared, apartándose del medio ambiente peligroso y poco gratificador que los rodea. Estas tres etapas de reacción a una situación abrumadora representan un grado creciente de seriedad. Basándose en ellas se puede predecir el tipo de recuperación que el niño tendrá. Cuando cesa la enfermedad física, los niños que regresaron a la etapa 3 pueden desarrollar serios síntomas psicopatológicos tales como enuresis severa, temores, depresión, etc.

Los que están en la etapa 2 pueden haber sufrido un menoscabo de sus sentimientos de confianza en el medio ambiente que los rodea. Es probable que se culpen a sí mismos de todo cuanto suceda, como si fuera un justo castigo por su maldad. Una niña de 4 años que padecía fiebre reumática me dijo que nunca se habría enfermado y nunca la habrían enviado al hospital si siempre se hubiera portado como una niña buena. Esta clase de autocastigo en la infancia puede llevar a que los adultos sean emocionalmente lisiados. Mientras un niño esté protestando, esté luchando por sus derechos, esté llorando y pueda hacerlo sin peligro, estoy convencido de que está librando la batalla más saludable que pueda librar. También estoy seguro de que saldrá de un evento como éste sin demasiadas cicatrices psicológicas.

Por cierto, no estoy de acuerdo con lo que le informaron a la señora Landis en el hospital acerca de que no valía la pena preocuparse por un período tan corto de 2 días. Para un niño, cualquier separación, particularmente en condiciones tan atemorizantes y dolorosas, es demasiado larga para desatenderla. Insté a la señora Landis a que exigiera que le permitieran permanecer con Tom. La mayoría de los hospitales están conscientes de la necesidad de cambiar prácticas tan anticuadas como la de mantener alejados a los padres, y accederán si un padre se mantiene firme. Ella puede presionarlos para que le permitan permanecer, sin necesidad de una cama o arreglos de alojamiento. Inclusive puede recostarse en una silla durante la noche y dejar que su esposo la releve. Cuando Tommy se acostumbre a su nuevo ambiente, es posible que ni siquiera necesite su presencia durante la noche siguiente. Pero yo quería que ella exigiera la opción y no dejara la decisión en manos de un personal hospitalario predispuesto. Le advertí que la actitud con que había tropezado en el hospital significaba que seguirían rechazando su presencia, y que no debía esperar que ellos quisieran que ella hiciera algo por Tommy. Aun si la despojaran de su dignidad y de su papel de madre en esos 2 días, su mismísima presencia como fuente de confortamiento era de vital importancia para él. Si podía demostrar al personal que su presencia era reconfortante para el niño y que ella no obstaculizaría los cuidados que tenían que dispensarle, quizá podría influir en su política futura para con otros padres. Sin duda, es hora de que todos los hospitales reconsideren su política con respecto a la presencia de los padres. Creo que nuestros conocimientos de las reacciones de los niños a la separación y a la hospitalización son lo suficientemente adecuados como para permitirles a todos los padres estar con sus hijos durante tales procedimientos, en lugar de dejarlo al azar o a la comodidad. No cabe duda de que hay muchas situaciones en las cuales esto no les es posible a los padres —por ejemplo, en el caso de una madre que tiene otros niños pequeños y que no está en condiciones de dejarlos al cuidado de otra persona. Y en los casos en que el niño debe ser hospitalizado por largos períodos, la constante presencia de un padre o una madre podría ser agotador para el resto de la familia —tanto desde el punto de vista financiero como del psicológico. En tales casos, hay otras formas de ayudar a los niños a superar la crisis. Puede haber madres substitutas en la sala, abuelos o sus substitutos*, profesionales que se esfuerzan por lograr la participación del niño en juegos terapéuticos relacionados con los problemas de enfermedad y separación. El énfasis de todo el equipo preocupado por la recuperación del niño debe ponerse tanto en su recuperación psicológica como en la física.

Cuando una madre no puede estar presente todo el tiempo, debe preparar al niño para la separación. También debe decirle la hora en que regresará y tratar de ser puntual. Si puede, podría dejarle al niño un objeto especial o alguna otra cosa de su elección. Podría tratar de llamar a alguien para que lo acompañe y lo ayude a manejar la difícil separación. Cuando ella regrese, esto reforzará la confianza del niño para futuras separaciones, si ella le recuerda que prometió regresar: "Aquí estoy".

Muy a menudo las madres están tan confundidas que tienden a dejar al niño sin advertencia alguna. Esto no es justo con él. Dejar que aprenda a arreglárselas por sí mismo puede ser una experiencia positiva de aprendizaje —pero sólo si se hace dentro de una relación de confianza. Mentirle

---

* Hay un programa para "abuelos substitutos" en las salas para niños, fundado por la Oficina de Desarrollo del Niño, que beneficia a ambas generaciones.

a un niño o huir de él en un momento así no fomentará, desde luego, la confianza para el futuro.

DIFERENCIAS DE EDAD

La edad del niño que debe ser hospitalizado puede influir en la clase de preocupaciones que tenga. En el caso de los niños menores de 5 ó 6 años, la separación del hogar y de los padres representa un aspecto de la experiencia más aterrador que el dolor o la enfermedad que debe soportar. La separación aumenta el miedo, y de la misma manera, tener un padre con quien contar lo disminuye. A partir de los 4 años, el miedo a que lo perjudiquen o le causen dolor llega a ser cada vez mayor, y la importancia de tener a un padre cerca puede permitir que el niño perciba que tiene algún control acerca del peligro de ser mutilado. Cuando el niño llega a la preadolescencia, la presencia de uno de los padres puede ser muchísimo menos importante que el hecho de que el personal esté consciente de su necesidad de dominar la angustia que le produce la posibilidad de sufrir algún daño. En lo que concierne a los niños mayores, son de vital importancia los programas tendientes a reforzar la opinión que tienen de sí mismos, lo mismo que la sensación de tener las cosas bajo control. A la edad de Tommy, las preocupaciones originadas en la separación y la mutilación tienden a afectar al niño. Para ayudarlo con respecto a sus temores de sufrir daño o de perder una parte de sí mismo —y con respecto a una operación destinada a remover tal parte, por inservible que ésta sea— sus padres deben recordar que sus preocupaciones acerca de quedar ileso ocupan un lugar primordial. Deben sacarlas a la luz y discutirlas abiertamente, con el ánimo de ayudarlo a entender la diferencia entre los temores y la realidad de haber perdido una parte innecesaria de sí mismo.

REACCIONES A LA HOSPITALIZACIÓN

Las últimas preguntas de la señora Landis eran más difíciles de contestar hasta que el niño regresara a casa. Todo niño tiene una reacción imprevisiblemente diferente a dicha experiencia. Podría enojarse con su madre al regresar a casa, y podría recompensar sus esfuerzos por reconfortarlo y tranquilizarlo asumiendo una conducta de resentimiento. La señora Landis me manifestó su preocupación acerca de la posibilidad de que Tommy se volviera en su contra, y temí que ella se alterara bastante cuando esto sucediera. De modo que traté de ayudarla a entender que el niño no tenía otra forma de desahogar su ansiedad o su ira reprimida. Los niños raras veces explotan en el hospital, aunque puede que luchen y protesten denodadamente. Pero no se atreven a mostrar sus verdaderos sentimientos hasta que regresan a casa y se sienten seguros, y casi siempre se desahogan riñendo con la gente más segura que los rodea: sus padres. Esto es saludable y puede ayudar a la señora Landis a saber que lo es. A pesar de eso, puede ofenderse, puesto que es difícil aceptar las rabietas del niño como una recompensa por haber luchado por ayudarlo a atravesar por una experiencia tan penosa como ésa.

Muchas de las reacciones que Tommy exhibirá pueden resumirse como "regresión". Puede ponerse a actuar como un bebé —llorar mucho más que antes, aferrarse a su madre, a su padre o a ambos; puede volverse más violento y desenfrenado al golpear a su hermano menor; puede volver a mojarse en la cama, o a chupar dedo; puede que quiera que lo alcen o lo mezan como cuando era mucho más pequeño. Esta conducta regresiva debe considerarse como normal y como algo que cumple un propósito real. Al regresar a un nivel anterior de ajuste, Tommy puede conservar su energía y captar mayor atención de quienes lo rodean. La señora Landis tendrá que aceptar este comportamiento por lo que es. Debe tratar de aguantarlo durante algún tiempo, de ayudar a Tommy a entender por qué necesita regresar en su comportamiento, y luego estimularlo y apoyarlo para que quiera madurar de nuevo, una vez que haya tenido la oportunidad de asimilar su experiencia. El castigo bien puede hacer desaparecer el comportamiento más pueril, pero no en forma saludable. Como consecuencia, el niño sepultaría sus sentimientos en lo más recóndito de su ser, donde sólo cumplirían un propósito destructivo. El niño necesita que se le brinde apoyo positivo y estímulo, para que recupere la buena opinión de sí mismo, amenazada por la experiencia traumática que tuvo. En un estudio sobre niños normales, más del 50% recurrió a una conducta regresiva a través de un período de recuperación de 6 meses luego de una hospitalización, por breve que ésta hubiera sido. Es normal y saludable que los niños den marcha atrás mientras reúnen las energías para proseguir.

Insté a la señora Landis a que continuara hablando a Tommy de sus experiencias apenas regresara a casa, que lo apremiara para que las exteriorizara y las discutiera abiertamente, si podía. En mi concepto, lo más importante era que ella y su esposo tomaran conciencia del hecho de que la operación podría ser una experiencia aterradora, por mucho que prepararan y apoyaran al niño. Pero si *él* podía concebirla como una experiencia por la cual él mismo había pasado, de la que había salido victorioso, contando con la presencia y el apoyo de sus padres, *entonces* la operación podría convertirse en una verdadera experiencia de aprendizaje. Los niños fortalecidos de este modo están en camino de hacer frente a su propio mundo, sin importar lo que éste les depare.

GUÍAS

1. Prepare al niño describiéndole de antemano la hospitalización en forma tan detallada como le sea posible. Si no conoce todos los hechos que afectarán al niño,

unos pocos, descritos en detalle, serán de gran ayuda. Las enfermeras encargadas del piso que le corresponde o el asistente del médico, deberán estar en condiciones de indicarle algunos de los procedimientos que va a experimentar. Vale la pena que usted misma también se prepare.

2. De ser posible, haga planes para quedarse con su hijo en el hospital. Si tiene que irse a ratos, asegúrese de decirle por qué y cuándo piensa regresar. Regrese a la hora que prometió que lo haría.

3. Recuerde que el llanto de protesta por su partida o por un procedimiento doloroso es una manifestación saludable de sus sentimientos. No le impida llorar ni se sienta culpable por ello. Si llora durante mucho tiempo, hágaselo saber, pero dígale que no es nada grave, sino simplemente una situación difícil para todos los que lo rodean.

4. De ser posible, acompáñelo a la sala de cirugía y a la sala de tratamiento cuando se trate de cualquier intervención dolorosa. Si no puede entrar con el niño para asirle la mano, dígaselo de antemano. Recuérdele que usted lo estará esperando cuando termine la operación. Explíquele que usted no puede controlar todo lo de él, tal como lo hace en casa —y dígale por qué. El hecho de reiterarle que los procedimientos dolorosos no le causarán daño permanente, pero que sí duelen y producen miedo, le permite "desahogarse" y exponer el

miedo de ser mutilado —este miedo es universal. Explíquele que esos procedimientos harán que se mejore con el tiempo. Desde luego, no es necesario que el niño le crea, pero puede que lo recuerde, y pueden recordárselo más tarde. Confiar en las autoridades es un resultado muy valioso de una experiencia hospitalaria.

5. Cuando haya regresado a casa, continúe hablándole acerca de la experiencia hospitalaria, mientras el niño parezca sentirse amenazado. Tranquilícelo asegurándole que su regresión forma parte de haber estado enfermo, y que no constituye una señal de que él es "malo" o un "bebé". Escúchelo y ayúdelo a entenderse a sí mismo.

AGRADECIMIENTOS

Para Chris,
quien me ha presionado para que aprenda a escuchar.

El autor desea dar las gracias a los editores de la revista *Redbook*, quienes lo han inducido a reflexionar acerca de las ideas contenidas en este libro. Sey Chassler, Amy Levin, Kitty Ball Ross, Jean Evans, Annette Capone y Sara Nelson le han brindado un invaluable apoyo.